JN118124

もくじ

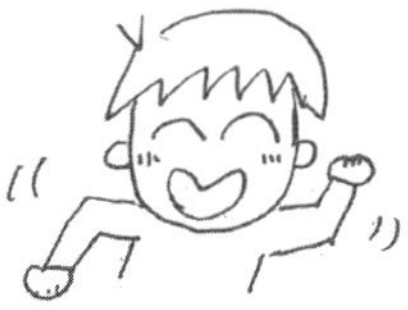
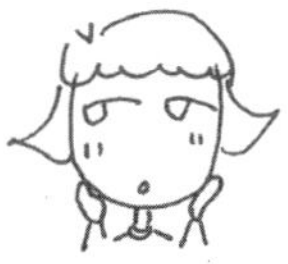

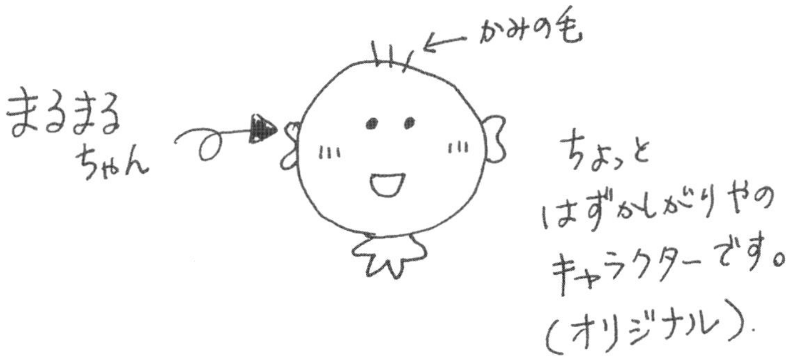

かみの毛
まるまるちゃん
ちょっと
はずかしがりやの
キャラクターです。
(オリジナル)

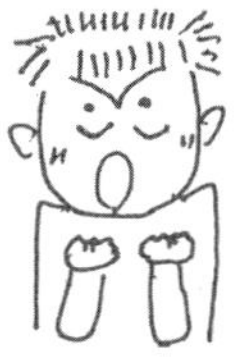
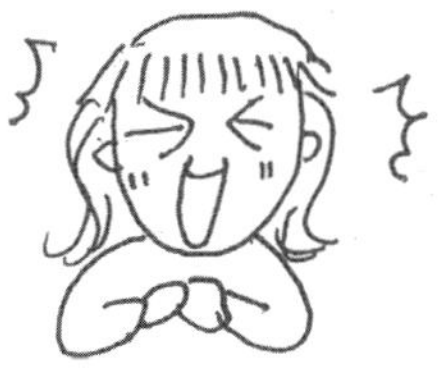
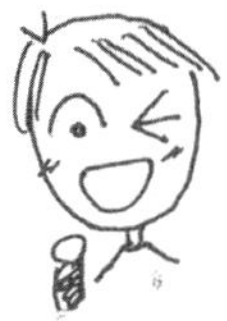

前書き

私が小学校の現場で児童支援コーディネーターになって、学習困難な児童の学習支援をするようになってから、市販の問題集や特別支援用の学習プリント・教材を使って、プログラムを考えて指導し始めたのですが、なかなかうまくいかないことも多々あり…。というのが、自分で教材を作るきっかけでした。

どんな教材だったら、目の前にある、勉強全般に対して後ろ向きで自己肯定感も低いこの子が振り向いてくれるか。どう切り込めば、やる気を引き出すことができるか。あの手この手を考え、試行錯誤を繰り返しました。

その試行錯誤の過程で作っていった教材のうち、複数の子どもたちが共通して食いついてくれた教材を集約して、一人でも二人でも、ほかの現場で救われる子がいたら…うれしいな、という気持ちで今回教材集を作ることにした次第です。大変おこがましいと思いつつも…現場で、いろいろな先生に「こんな教材、どう？」と渡して喜ばれた経験も重なり、少しでも学習支援に役立てられたら、勉強嫌いの子が少しでも「結構おもしろいじゃん！」と思ってもらえたら､という気持ちでまとめさせてもらいました。

この中には、私のつたない手書きの教材も入っています。敢えて載せたのは、整然と書かれたプリント教材よりも、手書きの教材の方が明らかに食いつきがいいという手ごたえを、幾度となく味わってきた経験からでした。もちろん、手書きだと見にくくて却って難しいという子も中にはいるかと思います。人それぞれかと思うので、子どもの特性に応じて、合う教材を使う、という形で少しでも多くの方に使っていただければ、使わなくても参考にしていただければ、この上なくうれしいです。

今、勉強で自信ややる気を失っている子の中で、一人でも多くの子が、「勉強って楽しい！」「自分もこれならできる！」「自分はやればできる！」と思えるようになりますように…願いを込めて。

☆さんすう☆

～四則計算《しそくけいさん》・文章題《ぶんしょうだい》の巻《まき》～

＋ − × ÷

アメを1人5こもらいました。子どもは9人いました。
アメは50こでたりるでしょうか。

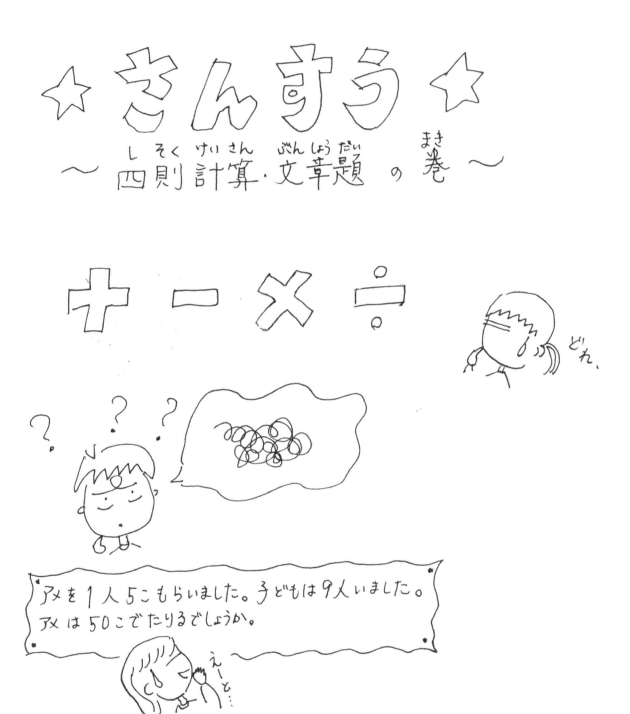

何算かわからない…の、こまった解決《かいけつ》①

～たしざん・ひきざん～

名前（　　　　　　　　　　　　）

① どんなお話《はなし》になっているかを考《かんが》えます。

ふえる話 → たし算《ざん》 キーワード 「あわせて」「ぜんぶで」

へる話 → ひき算《ざん》 キーワード 「のこりは」「あまりは」

くらべる話 → ひき算《ざん》 キーワード 「どちらがどれだけおおい」「ちがいは」 など

〈たとえば…〉

1. あめが4つ、チョコが5こ、あわせて何こ？ → 4+5=9
2. 3人あそんでいたらあとから2人きたよ。ぜんぶで何人？ → 3+2=5
3. 10このあめを4こたべたら、何こあまる？ → 10−4=6
4. 9このけしごむを、友だちに3こあげました。のこりは何こ？ → 9−3=6
5. ぼくのケーキは4こ、おとうとは3こ。どちらがどれだけおおい？ → 4−3=1.

ただし

② とくべつなときがある!!

とくべつ(1)「はじめ」がわからない、ふえた話《はなし》 → ひき算《ざん》

(れい) はじめが？。4わ、ハトがとんできてぜんぶで9わになったよ。
はじめに何わいたかな。 → 9−4=5

とくべつ(2)「はじめ」がわからない、へった話《はなし》 → たし算《ざん》

(れい) はじめが？ 3人いなくなって、6人のこったよ。
はじめに何人いたかな。 → 3+6=9

とくべつ(3)「とちゅう」がわからない、へった話《はなし》 → たし算《ざん》

(れい) はじめに12人いたのが、何人かとちゅうでいなくなって4人のこった。 → 12−4=8
とちゅうで、いなくなったのは何人？

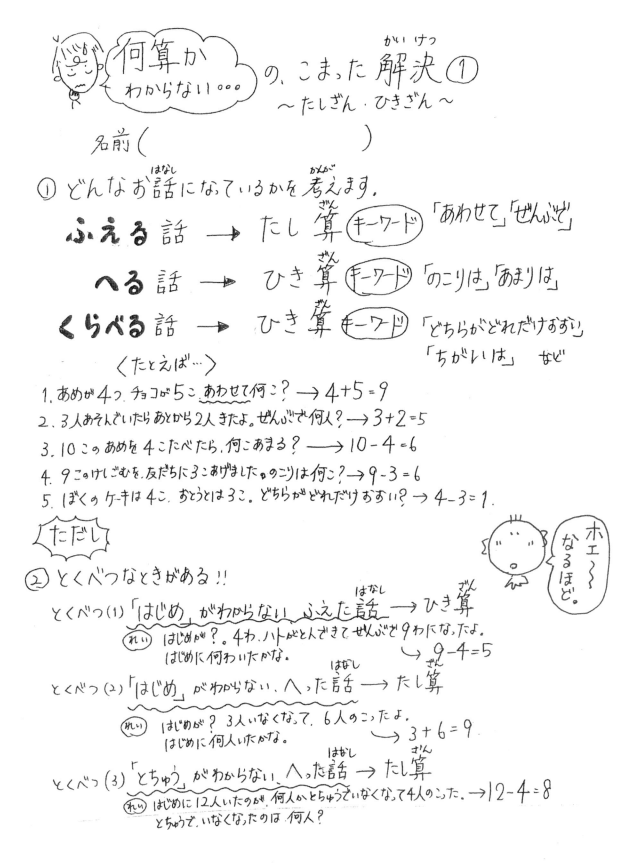

＜れんしゅう＞

①からあげを15こつくり、みんなで10こたべたよ。のこりは何こ？

しき（　　　　　　　　）こたえ（　　　）

②からあげを、ぼくは7こ、おとうとは5こたべたよ。ちがいは何こ？

しき（　　　　　　　　）こたえ（　　　）

③からあげを、ぼくは7こ、おとうとは5こたべたよ。あわせて何こたべた？

しき（　　　　　　　　）こたえ（　　　）

④クッキーを12まいやいたら、父が6まい買ってきました。ぜんぶで何まいになった？

しき（　　　　　　　　）こたえ（　　　）

⑤クッキーを12まいやいたら、となりの家に8まいあげました。のこりは何まいになったでしょう。

しき（　　　　　　　　）こたえ（　　　）

⑥なわとびきょうそうで、ぼくは12かい、友だちは14かいでした。どちらがどれだけおおくとんだでしょう。しき（　　　　　　　　）こたえ（　　　）

⑦はじめ、何まいかカードがあって、友だちから6まいもらったら18まいになりました。はじめ、何まいだった？しき（　　　　　　　　）こたえ（　　　）

⑧はじめ、何まいかカードがあって、友だちに6まいあげたら、9まいになりました。はじめ、何まいだった？しき（　　　　　　　　）こたえ（　　　）

⑨はじめ、11まいカードがあって、何まいか友だちにもらったら、19まいになりました。（とちゅうで）友だちにもらったのは何まいでしょう。

しき（　　　　　　　　）こたえ（　　　）

たしざんかな？ひきざんかな？　キーワードクイズ①

名前（　　　　　　　　　　　　　　　　　）

１．１０このチョコのうち、４こ食べました。**のこりは**なんこでしょう。

（しき）　　　　　　　　　　　　　　　　（こたえ）

２．１０このチョコを買ってきたら、家に４こありました。**あわせて**なんこでしょう。

（しき）　　　　　　　　　　　　　　　　（こたえ）

３．１０円のチョコと２０円のあめと３０円のスナックを買うと**ぜんぶで**いくらでしょう。

（しき）　　　　　　　　　　　　　　　　（こたえ）

４．１０円のチョコを買って１００円出しました。**おつりは**いくらでしょう。

（しき）　　　　　　　　　　　　　　　　（こたえ）

５．公園で６人であそんでいたら、**あとから**５人来ました。**ぜんぶで**何人になったでしょう。

（しき）　　　　　　　　　　　　　　　　（こたえ）

６．きのう、テーブルにチョコが１０こあったのに、けさは４こしかありませんでした。

なくなったのはなんこでしょう。

（しき）　　　　　　　　　　　　　　　　（こたえ）

７．チョコを１０こ食べたら、４こあまりました。**はじめは**いくつあったでしょう。

（しき）　　　　　　　　　　　　　　　　（こたえ）

たしざんかな？ひきざんかな？　キーワードクイズ②

名前（　　　　　　　　　　　　　　　　　）

２．ぼくが３０円、弟が２０円もっています。**あわせて**いくらでしょう。

（しき）　　　　　　　　　　　　　　（こたえ）

２．ぼくが３０円、弟が２０円もっています。**ちがいは**いくらでしょう。

（しき）　　　　　　　　　　　　　　（こたえ）

３．なわとびのれんしゅうを、朝１０分、夕方１０分、夜２０分やりました。

ぜんぶで何分やったことになるでしょう。

（しき）　　　　　　　　　　　　　　（こたえ）

４．体じゅうのもくひょうが、５０kgです。今、５５kgです。**あと**何kgやせればいいでしょう。

（しき）　　　　　　　　　　　　　　（こたえ）

５．ぼくの体じゅうが３０kg。兄の体じゅうが４０kg。**どちらがどれだけ多い**でしょう。

（しき）　　　　　　　　　　　　　　（こたえ）

６．２００円のケーキを買うのに、５００円玉を出しました。**おつりは**いくらでしょう。

（しき）　　　　　　　　　　　　　　（こたえ）

７．２００円をつかったあとに、おさいふの中を見たら、４００円ありました。おさいふに、

はじめはいくらあったでしょう。

（しき）　　　　　　　　　　　　　　（こたえ）

たしざんかな？ひきざんかな？　どっちかなクイズ①

名前（　　　　　　　　　　　　　　　　　）

１．ポケモンカードを、ぼくは７まい、弟《おとうと》は９まいもっていました。あわせて何まいでしょう？

（しき）　　　　　　　　　　　　　　　　（こたえ）

２・ポケモンカードを、ぼくは７まい、弟《おとうと》は９まいもっていました。どちらがどれだけ多いでしょう？

（しき）　　　　　　　　　　　　　　　　（こたえ）

３．たこやき１２こをかってきたら、おじさんも６こかってきました。ぜんぶでなんこでしょう？

（しき）　　　　　　　　　　　　　　　　（こたえ）

４．たこやき１２こをかってきて、かぞくで８こたべました。なんこあまったでしょう？

（しき）　　　　　　　　　　　　　　　　（こたえ）

５．クッキーを１５こつくって、ともだちにあげたら８こになりました。なんこあげたでしょう。

（しき）　　　　　　　　　　　　　　　　（こたえ）

６．クッキーをつくって、ともだちに５こあげたら、７こあまりました。なんこつくったでしょう。

（しき）　　　　　　　　　　　　　　　　（こたえ）

７．ともだち８人であそんでいたら、あとから５人きました。なん人になったでしょう。

（しき）　　　　　　　　　　　　　　　　（こたえ）

８．ともだち８人であそんでいたら、３人かえりました。なん人になったでしょう。

（しき）　　　　　　　　　　　　　　　　（こたえ）

９．ともだち８人でいたら、２人かえったけどあとから６人きました。なん人になったでしょう。

（しき）　　　　　　　　　　　　　　　　（こたえ）

１０．ともだちであそんでいたら、５人かえって６人になりました。はじめはなん人いたでしょう。

（しき）　　　　　　　　　　　　　　　　（こたえ）

どっちかなクイズ②

名前（　　　　　　　　　　　　　　　　）

1．クレープをつくって、私《わたし》は５まい、姉《あね》は９まいたべました。ちがいはなんまいでしょう。

（しき）　　　　　　　　　　　　　　　　　（こたえ）

2．クレープ１２まいのうち私《わたし》が４まいたべて、のこりを姉《あね》にあげました。姉《あね》はなんまいたべたでしょう。

（しき）　　　　　　　　　　　　　　　　　（こたえ）

3．サル２ひきと犬２ひきとねこ５ひきがあつまりました。なんびきになったでしょう。

（しき）　　　　　　　　　　　　　　　　　（こたえ）

4．はたけにだんご虫が９ひき、みみずが６ぴきいました。どちらがどれだけ多いでしょう。

（しき）　　　　　　　　　　　　　　　　　（こたえ）

5．いちごあめ７ことりんごあめ６こをかって、そのうち４こたべました。のこりはなんこでしょう。

（しき）　　　　　　　　　　　　　　　　　（こたえ）

6．サルがｼﾞｭｰｽを８本のんだら、ゴリラはそれより４本多くのみました。なん本のんだでしょう。

（しき）　　　　　　　　　　　　　　　　　（こたえ）

7．サルがｼﾞｭｰｽを１３本のんだら、リスはそれより４本すくなかったそうです。なん本でしょう。

（しき）　　　　　　　　　　　　　　　　　（こたえ）

8．１００円のサイダーと５０円のコーラ、どちらがたかいでしょう。

（しき）※しきは、なし。大きさくらべ。　　　（こたえ）

9．１００円のサイダーと９８円のりんごジュース、どちらがやすいでしょう。

（しき）※しきは、なし。大きさくらべ。　　　（こたえ）

10．９８円のりんごジュースと８９円のオレンジジュース、どちらがたかいでしょう。

（しき）※しきは、なし。大きさくらべ。　　　（こたえ）

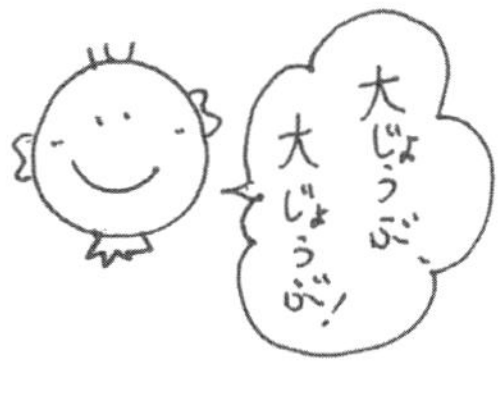

たしざんかな？ひきざんかな？　どっちかなクイズ③

名前（　　　　　　　　　　　　　　　　）

1．からあげを今日《きょう》１０こ、明日《あす》１０こ食《た》べたら、２日かんでなんこ食《た》べることになるでしょう。

（しき）　　　　　　　　　　　　　　　　（こたえ）

2．からあげをきのう１０こ、今日《きょう》１０こ食《た》べたら、のこりが５こになりました。
さいしょはなんこだったでしょう。

（しき）　　　　　　　　　　　　　　　　（こたえ）

3．ケーキを作《つく》って友《とも》だちみんなで１２こ食《た》べたら、７こになりました。作《つく》ったのはなんこですか。

（しき）　　　　　　　　　　　　　　　　（こたえ）

4．ケーキを作《つく》ったら母《はは》もケーキ８こを買《か》ってきて合計《ごうけい》１５こになりました。作《つく》ったのはなんこですか。

（しき）　　　　　　　　　　　　　　　　（こたえ）

5．あつめたカードの中から７まい弟《おとうと》にあげたら３０まいになりました。なんまいあつめたでしょう。

（しき）　　　　　　　　　　　　　　　　（こたえ）

6．ぼくがカードをあつめていたら、友《とも》だちが１０まいくれたので、１７まいになりました。
ぼくはなんまいあつめたでしょう。

（しき）　　　　　　　　　　　　　　　　（こたえ）

7．はじめに何《なん》人かであそんでいたら９人きて１８人になりました。はじめに何《なん》人いたでしょう。

（しき）　　　　　　　　　　　　　　　　（こたえ）

8．はじめに何《なん》人かであそんでいたら３人かえって１２人になりました。はじめに何《なん》人いたでしょう。

（しき）　　　　　　　　　　　　　　　　（こたえ）

9．はじめに７人であそんでいたらあとから６人きてすぐ４人はかえりました。何《なん》人になったでしょう。

（しき）　　　　　　　　　　　　　　　　（こたえ）

１０．今日《きょう》なわとびを１７回《かい》とび、きのうより５回《かい》ふえました。きのうはなん回《かい》とんだでしょう。

（しき）　　　　　　　　　　　　　　　　（こたえ）

１１．今日《きょう》なわとびをとんだらきのうより３回《かい》へって１２回でした。きのうはなん回《かい》とんだでしょう。

（しき）　　　　　　　　　　　　　　　　（こたえ）

たしざん・ひきざん キーワード もんだい ①

なまえ（　　　　　　　　）

みかんが
9こ、

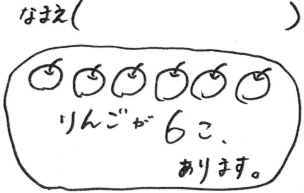

りんごが 6こ、
あります。

(1) あわせて なんこでしょう。

しき（　　　　　　　　）　こたえ（　　　　）

(2) ちがいは なんこでしょう。

しき（　　　　　　　　）　こたえ（　　　　）

(3) どちらが なんこ、おおいでしょう。

しき（　　　　　　　　）　こたえ（（　　　）の方《ほう》が（　　　）こおおい）

(4) ぜんぶで なんこでしょう。

しき（　　　　　　　　）　こたえ（　　　　）

たしざん・ひきざんキーワードもんだい②

なまえ（　　　　　　）
（　　　　　　）

(1) Aこうえんに7人、Bこうえんに5人の子《こ》どもがあそんでいます。
どちらがなんにんおおいでしょう。

しき（　　　　　　　　　　　）　こたえ（（　　　）のほうが（　　　）にんおおい）

(2) Aこうえんに7人の子《こ》どもがあそんでいたら、
あとから5人きました。子《こ》どもはなんにんになったでしょう。

しき（　　　　　　　　　　　）　こたえ（　　　　　　）

(3) Aこうえんで7人あそんでいたら、5人かえりました。のこりはなんにんでしょう。

しき（　　　　　　　　　　　）　こたえ（　　　　　　）

(4) Aこうえんにいた7人と、Bこうえんにいた5人と、みんなで
あそぶことになりました。ぜんぶでなんにんになったでしょう。

しき（　　　　　　　　　　　）　こたえ（　　　　　　）

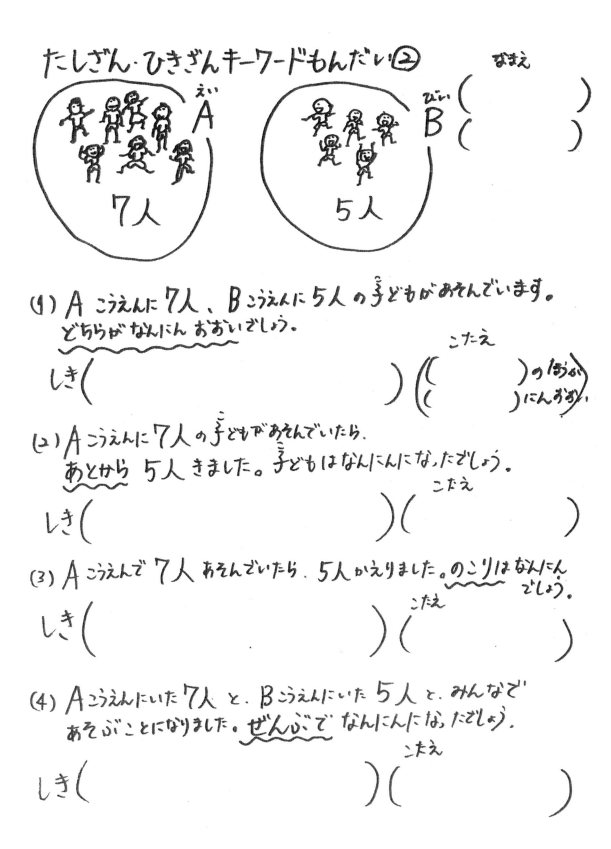

たしざん？ひきざん？ たしひきクエスチョン①

名前（　　　　　　　　　）

1. 21このたこやきがあって → 8こ食べたら… → のこりは何こ？

式（　　　　　　　　　）答え（　　　　）

2. 26このたこやきがあって → さらに15こ買ったら → 全部で何こになる？

式（　　　　　　　　　）答え（　　　　）

3. たこやき1パック400円です。→ でも今、250円しかないよ～ → あといくらあれば買える？

式（　　　　　　　　　）答え（　　　　）

4. たこやき1パック450円を買いました。→ さらに、バラで200円分買いました。→ 全部でいくらかかった？

式（　　　　　　　　　）答え（　　　　）

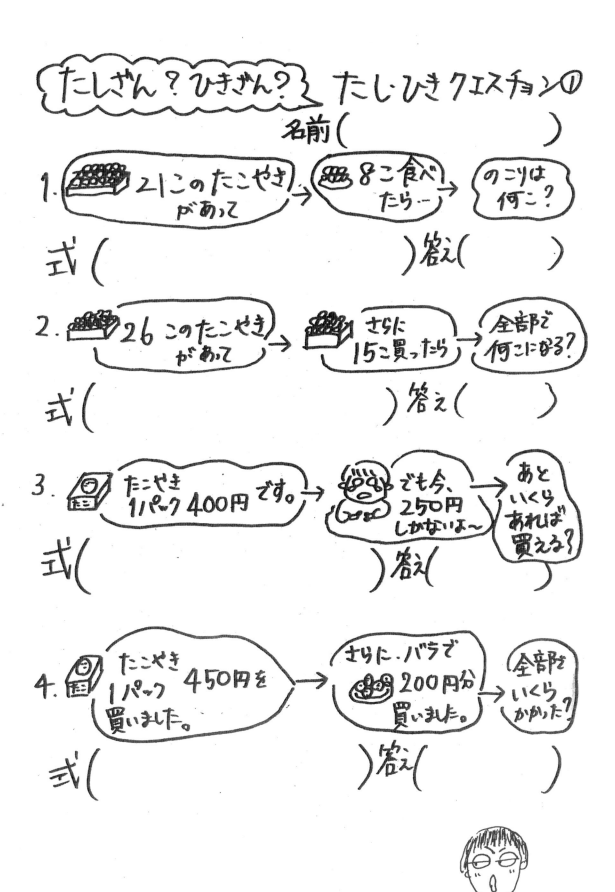

たしざん？ひきざん？ たし・ひき クエスチョン②

名前（　　　　　　　　　　）

1. 公園《こうえん》で、12人の子が あそんでいて… → 5人は 帰りました。 → 今、公園に のこっている子は何人？

式（　　　　　　　　　）答え（　　　　）

2. 公園で 12人の子が あそんでいたら… → なんと、9人の子が入って来ました。 → 子どもは何人に なった？

式（　　　　　　　　　）答え（　　　　）

3. 公園《こうえん》で きれいな石を 40こもひろって… → 15こは、弟に あげました。 → 石は何こに なったでしょう。

式（　　　　　　　　　）答え（　　　　）

4. 公園《こうえん》できれいな石を 40こもひろったら、 → 弟は さらに 多い 52こをひろいました。 → 弟の方が 何こ多く ひろったでしょう。

式（　　　　　　　　　）答え（　　　　）

たしざん？ひきざん？ たし・ひきクエスチョン③

名前（　　　　　　）

1. おかあさんがクッキーをやいてくれました♡ → きのうは ― 今日は 22こ、19こ。やいてくれたよ。 → きのうと今日でクッキー何こやいてくれた？

式（　　　　　　）答え（　　　　）

2. おかあさんがクッキーを42まいやいてくれました♡ → そのうち、19まい食べちゃった！ → 何まいあまっている？

式（　　　　　　）答え（　　　　）

3. お母さんがやいたクッキーが36まい → さらに、コンビニで買ったクッキーが18まいあります。 → クッキーは全部で何まい？

式（　　　　　　）答え（　　　　）

4. ☆星がたクッキーが20まい △三角クッキーが10まいあります。 → そのうち、星がたを5まい、△三角を5まい食べました。 → のこっているクッキーは全部で何まい？

式（　　　　　　）答え（　　　　）

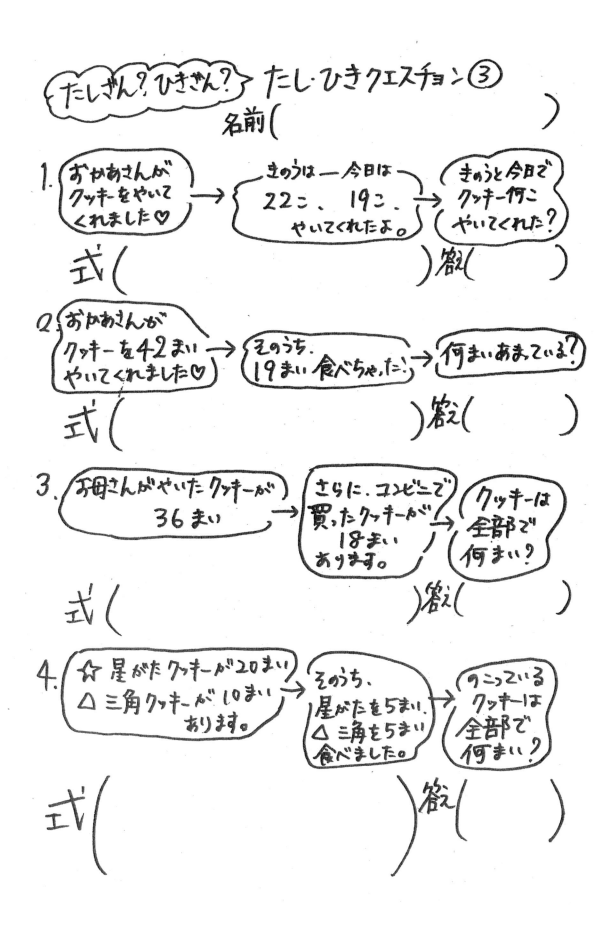

何算かわからない…の、こまった解決《かいけつ》②
〜かけざん・わりざん〜

名前（　　　　　　　　　　　　）

同じ数《かず》が
いくつも出てくる話《はなし》は、
ぜったいにわりざんかかけざん♪

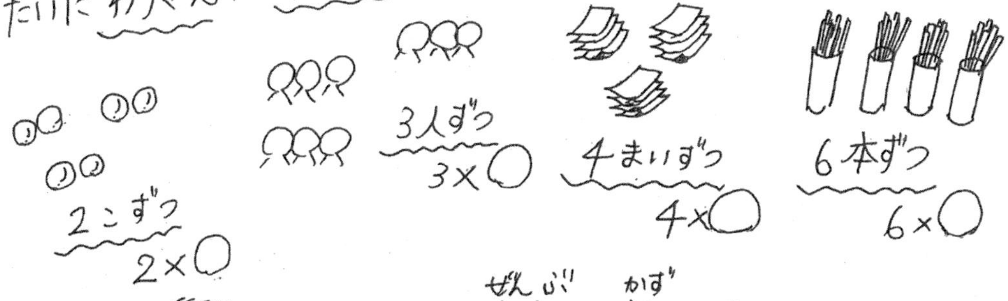

2こずつ
2×○
3人ずつ
3×○
4まいずつ
4×○
6本ずつ
6×○

ぜーーんぶで
いくつ？

全部《ぜんぶ》の数《かず》をきかれているときは
かけざん

分けたら、
くばったら…
1人分は？
1つ分は？

全部《ぜんぶ》の数《かず》がわかっていて、
分けたりくばったりしていくとき
わりざん

○ずつ
分けていくと…
何人に
くばれる？
いくつに
わかれる？

…。

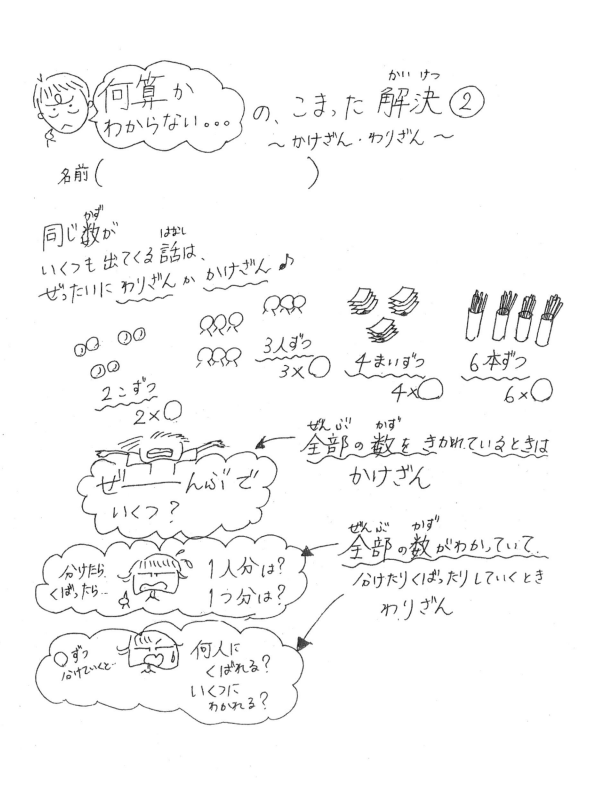

＜れんしゅう＞

①チョコ 2こずつ、6人分よういすると、チョコは全部で何こ？

（全部が？だから…）　$2 \times 6 = 12$

②42このチョコを、6人で分けると、1人何こもらえる？

（全部は42こ！そこから分ける…）　$42 \div 6 = 7$

③タクシーに3人ずつ のります。タクシー5台で、何人のれる？

（全部の人の数は？だから…）　$3 \times 5 = 15$

④45人が、5人ずつタクシーにのると、タクシーは何台いる？

（全部で45人。それを分けていく…）　$45 \div 5 = 9$

⑤えんぴつを4本ずつ、6このはこにつめました。えんぴつは何本つかった？

（全部のえんぴつの本数が？だから…）　$4 \times 6 = 24$

⑥えんぴつ32本を、4本ずつはこにつめていくと、何はこになる？

（全部は32本。そこから分けていく…）　$32 \div 4 = 8$

〜自分でかんがえて、やってみよう!!〜

⑦ボール54こを、6チームに同じ数ずつプレゼントすると、1チーム何こになる？

しき（　　　　　　　　）こたえ（　　　　）

⑧48ぴきの金魚を8ぴきずつくばると、何人にくばれる？

しき（　　　　　　　　）こたえ（　　　　）

⑨金魚を8ぴきずつ、4けんにくばるには、全部で何びきひつよう？

しき（　　　　　　　　）こたえ（　　　　）

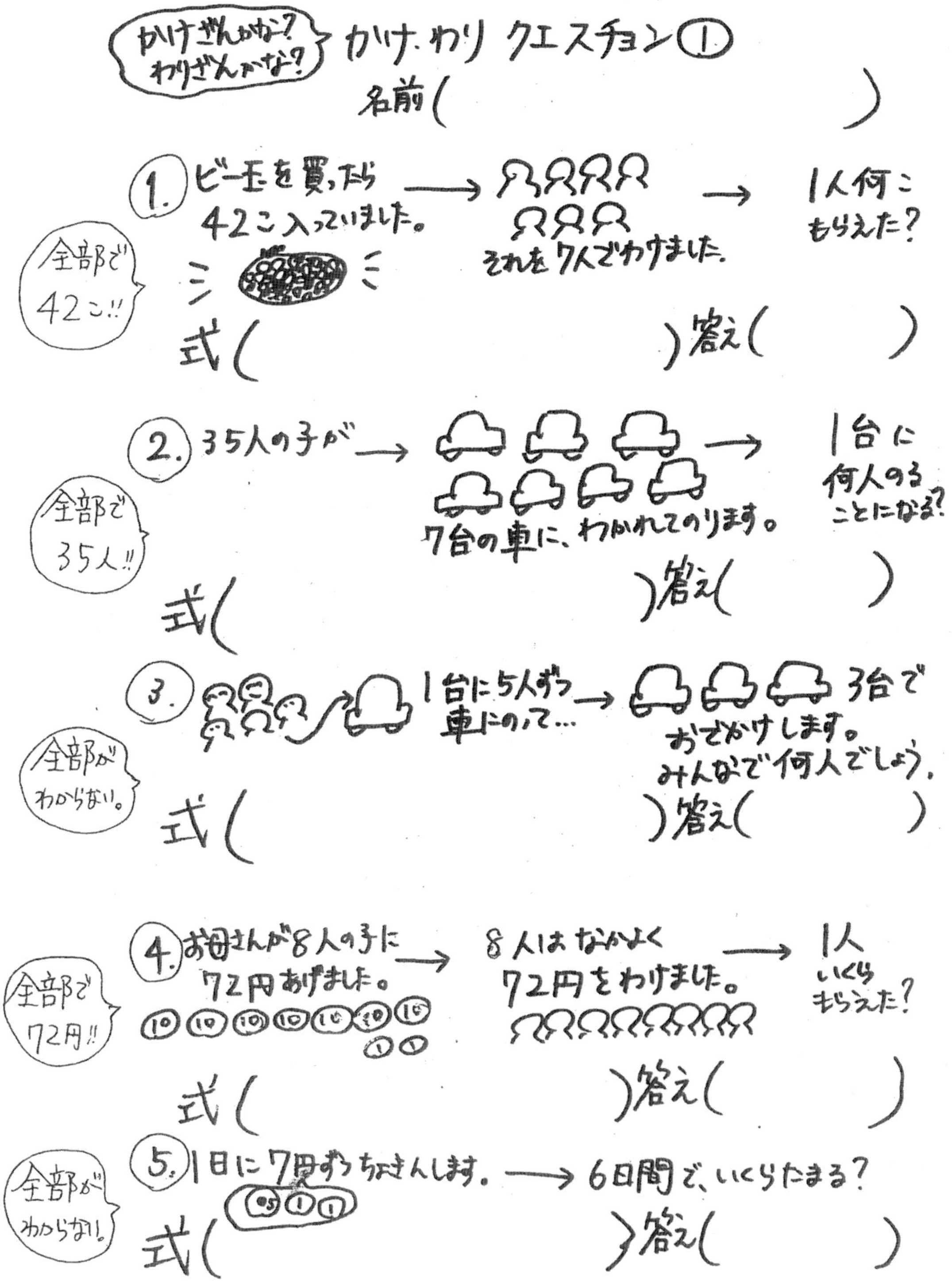

かけざんかな？
わりざんかな？

かけ・わり クエスチョン①

名前（　　　　　　　　）

1. ビー玉を買ったら42こ入っていました。→ それを7人でわけました。→ 1人何こもらえた？

全部で42こ!!

式（　　　　　　　　）答え（　　　　）

2. 35人の子が → 7台の車に、わかれてのります。→ 1台に何人のることになる？

全部で35人!!

式（　　　　　　　　）答え（　　　　）

3. 1台に5人ずつ車にのって… → 3台でおでかけします。みんなで何人でしょう。

全部がわからない。

式（　　　　　　　　）答え（　　　　）

4. お母さんが8人の子に72円あげました。→ 8人はなかよく72円をわけました。→ 1人いくらもらえた？

全部で72円!!

式（　　　　　　　　）答え（　　　　）

5. 1日に7円ずつちょきんします。→ 6日間で、いくらたまる？

全部がわからない。

式（　　　　　　　　）答え（　　　　）

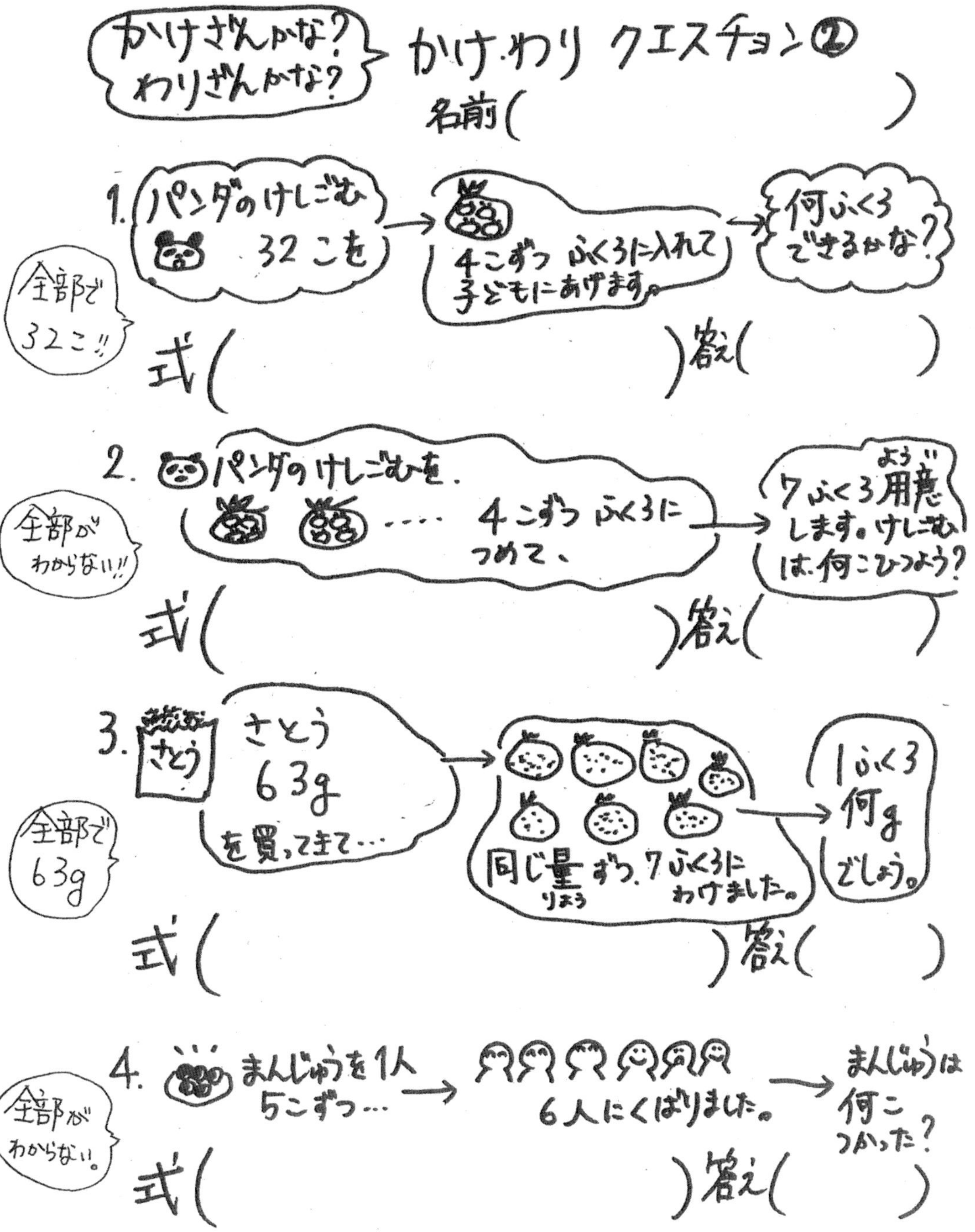

かけざんかな？わりざんかな？ かけ・わり クエスチョン②

名前（ ）

1. パンダのけしごむ 32こを → 4こずつ ふくろに入れて 子どもにあげます。→ 何ふくろ できるかな？

全部で32こ!!

式（ ）答え（ ）

2. パンダのけしごむを、…… 4こずつ ふくろに つめて、→ 7ふくろ用《よう》意《い》します。けしごむは、何こひつよう？

全部がわからない!!

式（ ）答え（ ）

3. さとう さとう 63g を買ってきて… → 同じ量《りょう》ずつ、7ふくろにわけました。→ 1ふくろ何gでしょう。

全部で63g

式（ ）答え（ ）

4. まんじゅうを1人5こずつ… → 6人にくばりました。→ まんじゅうは何こつかった？

全部がわからない!。

式（ ）答え（ ）

どうぶつ問題《もんだい》（かけ：わり クエスチョン③）
名前（　　　　　　　　）

全部が
わからない!!

1. ブタのカップル（2ひき）が4組います。ブタは全部で何びき？

式（　　　　　　　　）答え（　　　）

全部が
わからない!!

2. 犬を5ひきずつ 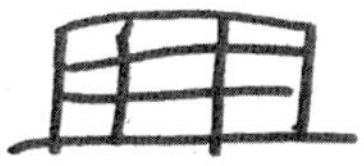オリに入れたら、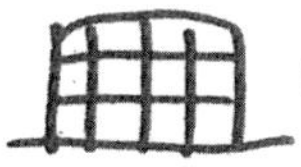オリは4こつかいました。犬は全部で何びき？

式（　　　　　　　　）答え（　　　）

全部で
18ぴき!

3. 犬が18ぴきいて 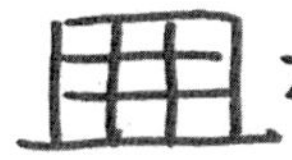オリに3びきずつ入れます。
オリは何こつかう？

式（　　　　　　　　）答え（　　　）

全部で
24わ!!

4. うさぎが24わいます。
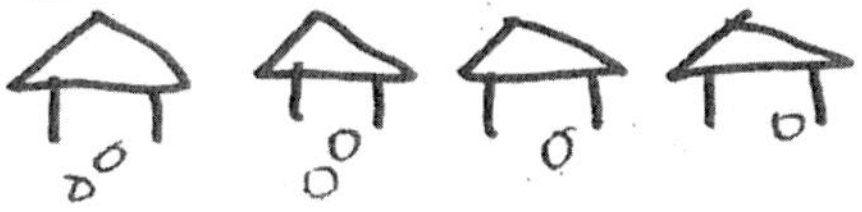4けんの家《いえ》が、同《おな》じ数《かず》ずつもらうことになりました。
1けん何わずつもらえるでしょう。

式（　　　　　　　　）答え（　　　）

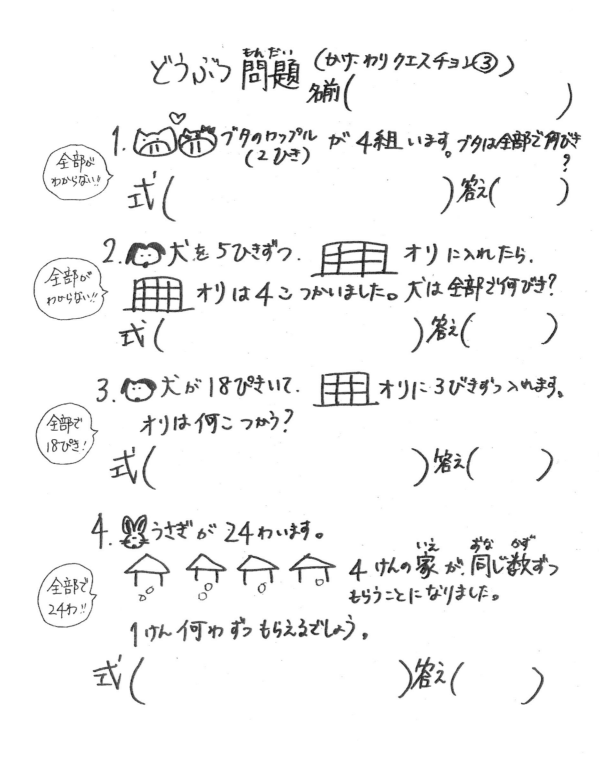

かけ・わり クエスチョン④ まとめの10もんプリント

名前（　　　　　　　　　）

1. 42このガムを6人に分けると、1人何こかな？
　しき（　　　　　　　　　）こたえ（　　　）

2. 1台に4人ずつ、9台の車にのると、全部で何人のれるかな。
　しき（　　　　　　　　　）こたえ（　　　）

3. からあげを、1人3こずつ、7人にくばると、からあげは全部で何こつかう？
　しき（　　　　　　　　　）こたえ（　　　）

4. 36人の子を4人ずつグループにする。何　グループができるかな。
　しき（　　　　　　　　　）こたえ（　　　）

5. 54本のえんぴつを9本ずつはこに入れる。何はこできるかな。
　しき（　　　　　　　　　）こたえ（　　　）

6. 1つ40円のチョコを8こ買うと、いくらかな。
　しき（　　　　　　　　　）こたえ（　　　）

7. 1L50円の水、7Lではいくらかな。
　しき（　　　　　　　　　）こたえ（　　　）

8. 15この肉まんを、兄弟3人で分けた。1人何こ食べられたかな。
　しき（　　　　　　　　　）こたえ（　　　）

9. 1日に5分ずつなわとびをする。9日間つづけると、何分やったことになるかな。
　しき（　　　　　　　　　）こたえ（　　　）

10. ドーナツ30こ買って、6けんの家にくばると、1けんに何こずつになるかな。
　しき（　　　　　　　　　）こたえ（　　　）

☆さんすう☆

～その他《ほか》・各《かく》分《ぶん》野《や》の巻《まき》～

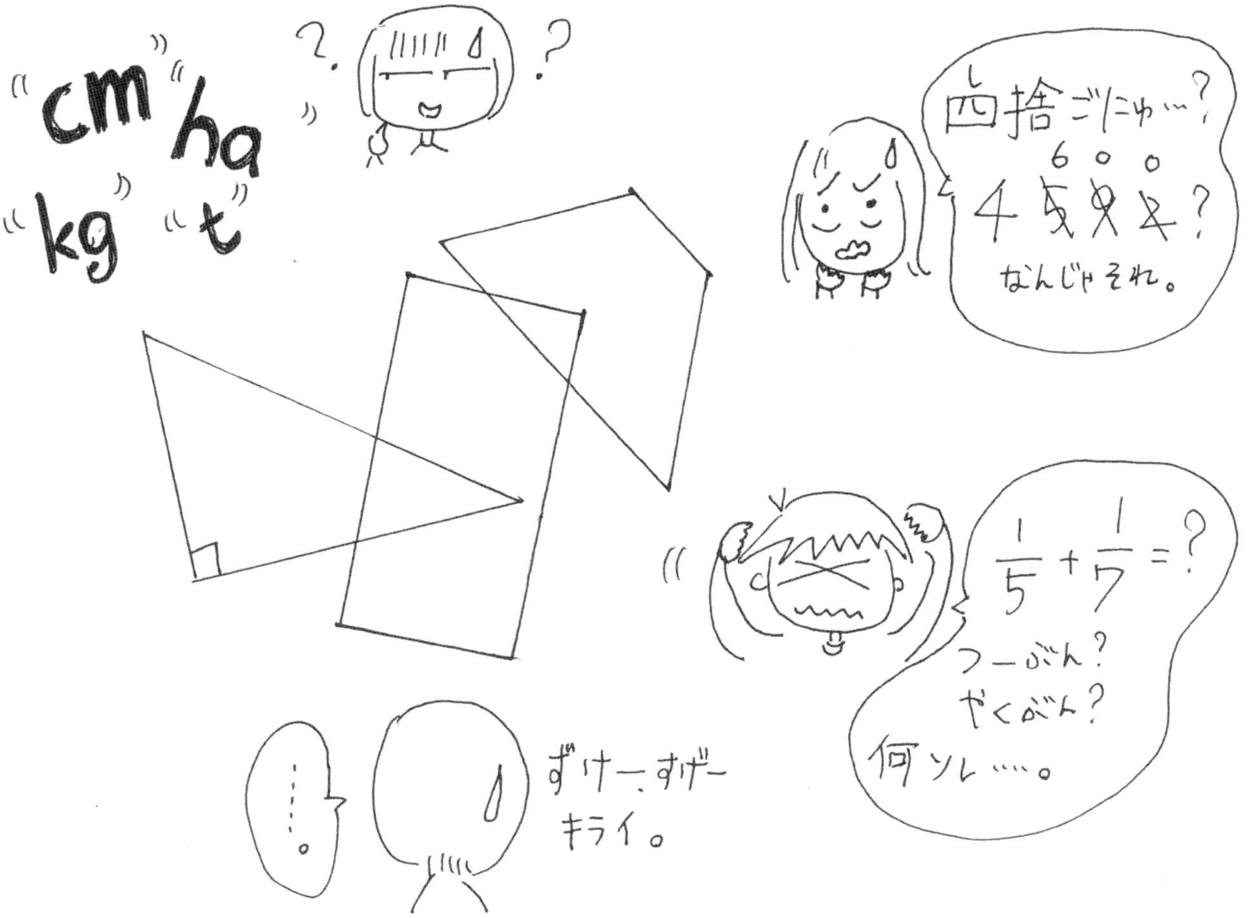

÷わり算 もんだい スペシャル①

名前（　　　　　　　　　　　）

いくつに分ける!? 方式

1. おり紙が27まいあります。3まいずつくばると、何人に分けられるでしょう。

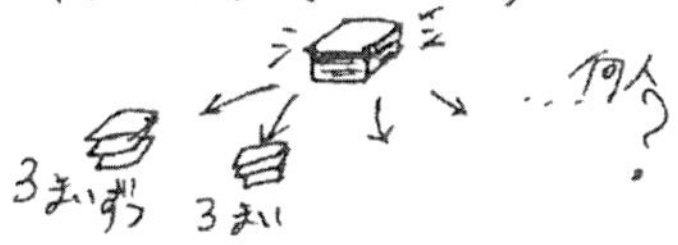
何人?
3まいずつ
3まい

しき（　　　　　　　　　　）

答え（　　　　　　　　　　）

2. チョコボールが42こあります。7こずつ分けてふくろに入れると、いくつのふくろになるでしょう。

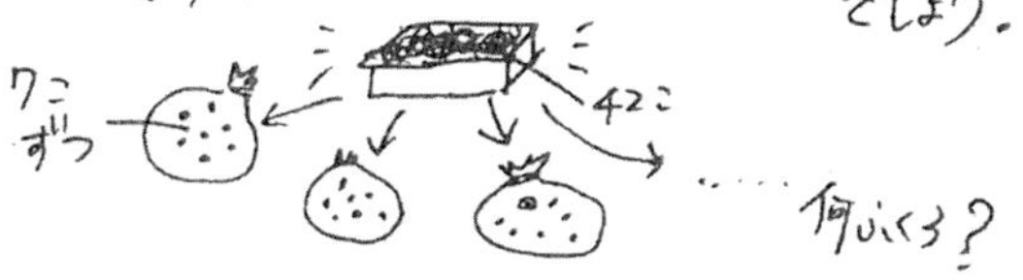
7こずつ
42こ
何ふくろ?

しき（　　　　　　　　　　）

答え（　　　　　　　　　　）

3. リボンが48cmあります。

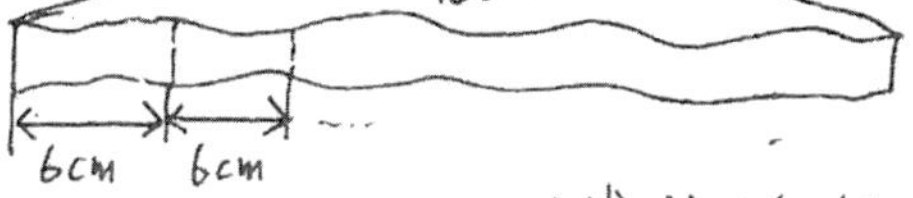
48cm
6cm
6cm

6cmずつ切っていくと、リボンはいくつに分けられるでしょう。

しき（　　　　　　　　　　）

答え（　　　　　　　　　　）

いくつずつに分ける!? 方式（トランプ）

1. おり紙が15まいあります。5人で同じ数ずつ分けると、1人何まいでしょう。

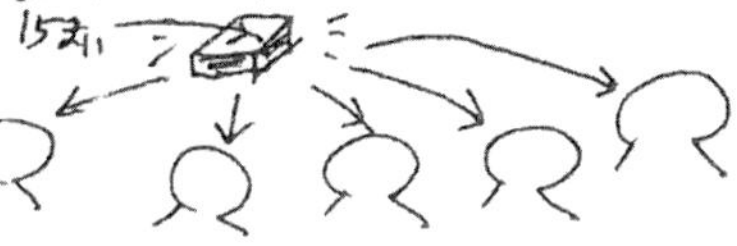
15まい

しき（　　　　　　　　　　）

答え（　　　　　　　　　　）

2. チョコボールが32こあります。8人で同じ数ずつ分けると、1　何こになるでしょう。

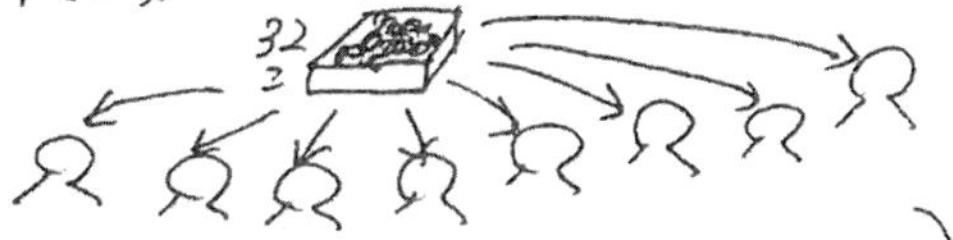
32こ

しき（　　　　　　　　　　）

答え（　　　　　　　　　　）

3. リボンが72cmあります。9人で同じ長さずつ分けると、1人何cmになるでしょう。

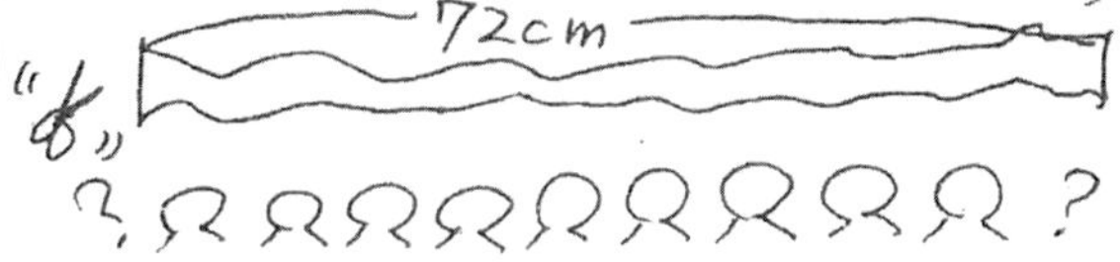
72cm
?
?

しき（　　　　　　　　　　）

答え（　　　　　　　　　　）

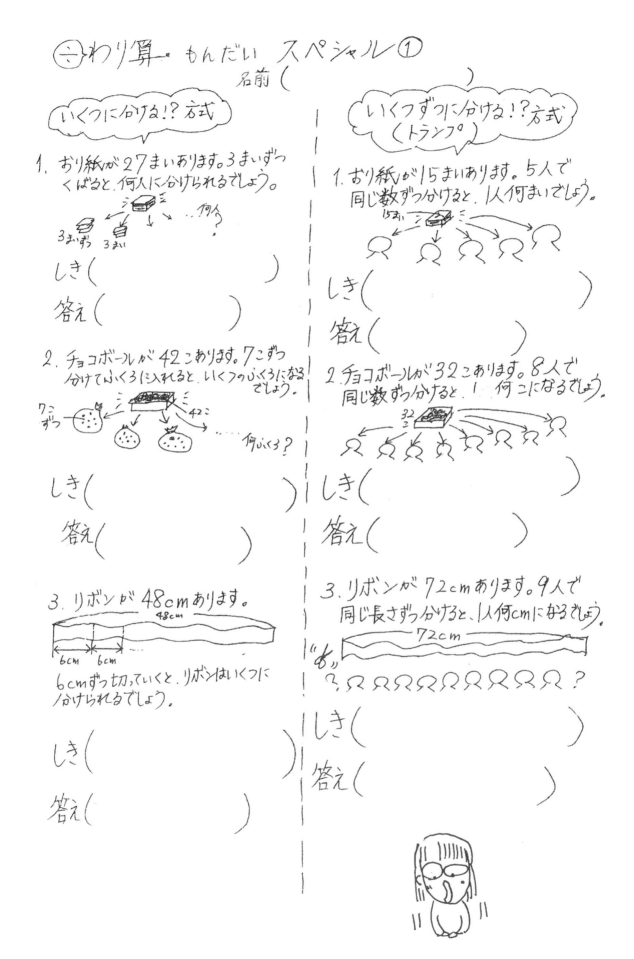

わり算・もんだい スペシャル②

名前（　　　　　　　　　　）

□は□の何倍？もんだい

1. 
おじさん人形《にんぎょう》は
54cm

ワンコの
人形は
9cm

おじさん人形は、ワンコの人形の
（の長さ）（の長さ）
何倍《ばい》でしょう。（ワンコ何こぶん？）

しき（　　　　　　　　　）

答え（　　　　　　　　　）

2. 水が12L、むぎ茶が2Lあります。
水はむぎ茶の何倍《ばい》あるでしょう。

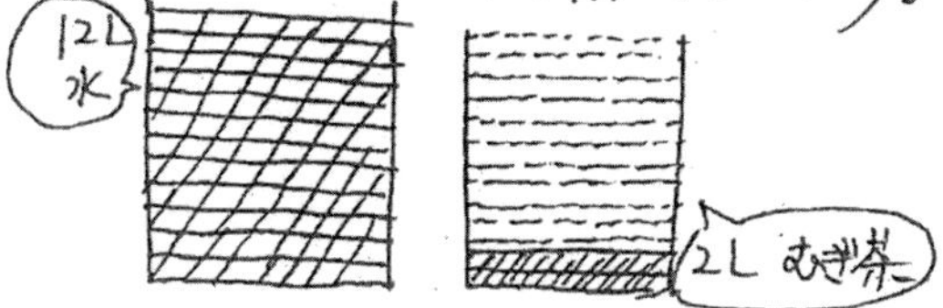
12L
水
2L むぎ茶

しき（　　　　　　　　　）

答え（　　　　　　　　　）

3. ぼくはクッキーを16まい、弟は4まい
もっています。ぼくは、弟の何倍《ばい》、クッキー
をもっているでしょう。

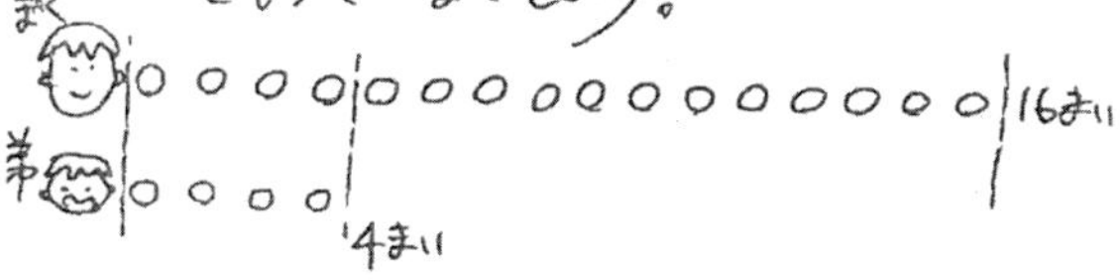
ぼく
16まい
弟
4まい

しき（　　　　　　　　　）

答え（　　　　　　　　　）

ゲ!! 大きい数!!…どうしよう…の巻《まき》

① 80円 ÷ 4人でわける =

② 90円 ÷ 3人でわける =

③ 120円 ÷ 6人でわける =

④ 60 ÷ 2 =

⑤ 80 ÷ 2 =

⑥ 150 ÷ 3 =

69 ÷ 3 は…

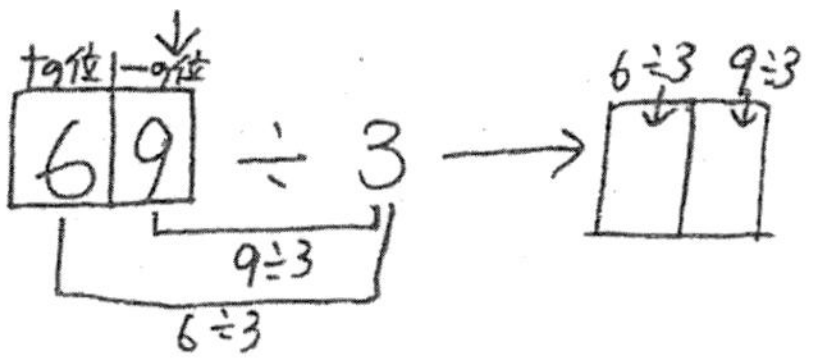
十の位
一の位
6 9
÷ 3
9÷3
6÷3
6÷3 9÷3

十の位とわりざんして、
一の位とわりざんすれば出るね！

⑦ 84 ÷ 2 = □□ （8÷2　4÷2）

⑧ 96 ÷ 3 = □□

⑨ 77 ÷ 7 = □□

⑩ 24 ÷ 2 =

⑪ 63 ÷ 3 =

⑫ 40 ÷ 2 =

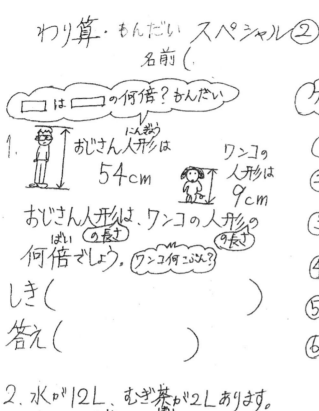

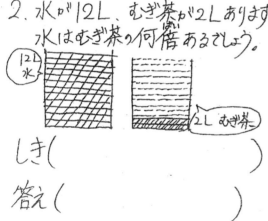

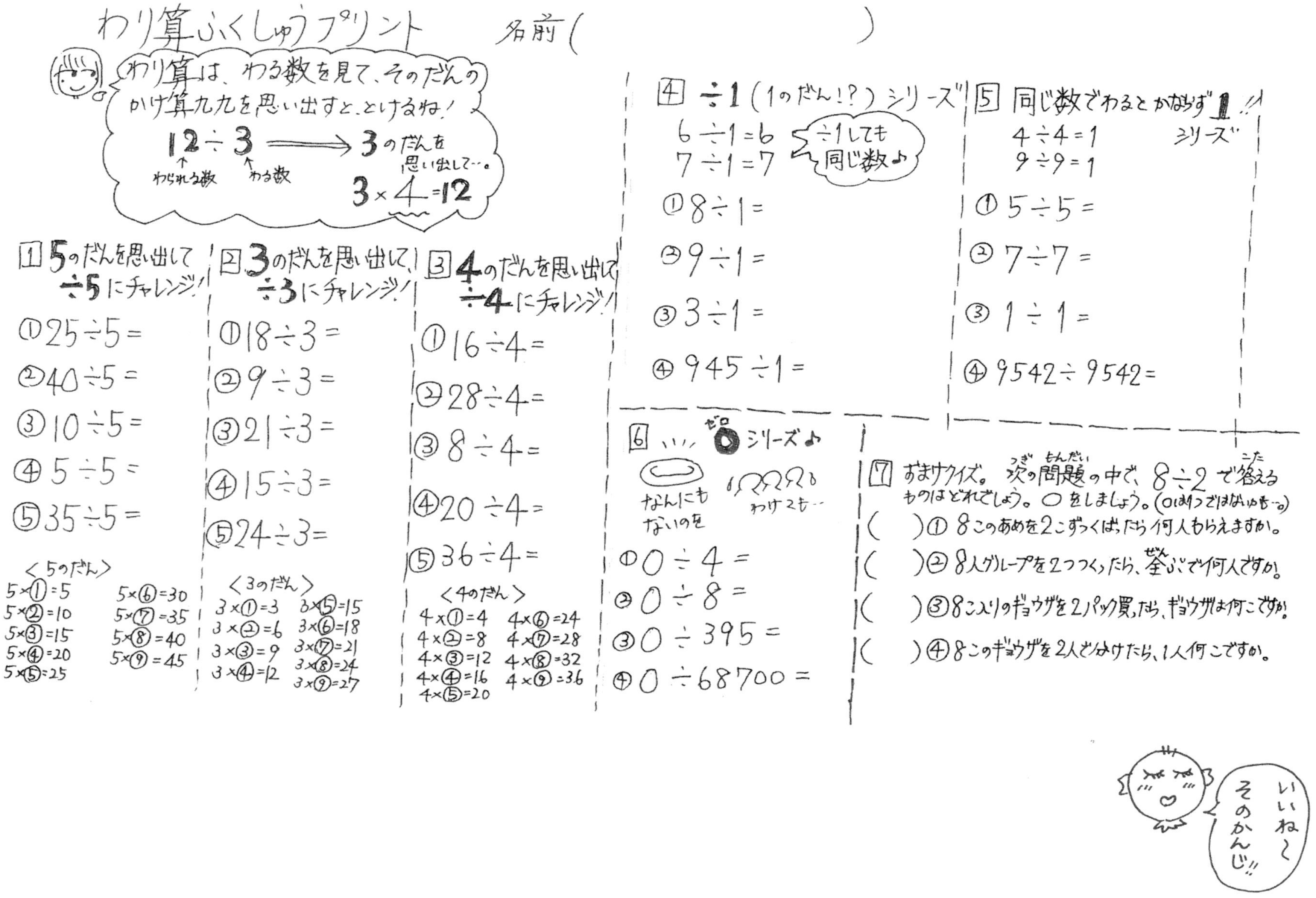

わり算ふくしゅうプリント　名前(　　　　　)

わり算は、わる数を見て、そのだんのかけ算九九を思い出すと、とけるね！

12 ÷ 3 ⟶ 3のだんを思い出して…。

↑わられる数　↑わる数

3 × 4 = 12

1 5のだんを思い出して÷5にチャレンジ！

①25÷5＝

②40÷5＝

③10÷5＝

④5÷5＝

⑤35÷5＝

＜5のだん＞

5×①=5　5×⑥=30

5×②=10　5×⑦=35

5×③=15　5×⑧=40

5×④=20　5×⑨=45

5×⑤=25

2 3のだんを思い出して、÷3にチャレンジ！

①18÷3＝

②9÷3＝

③21÷3＝

④15÷3＝

⑤24÷3＝

＜3のだん＞

3×①=3　3×⑤=15

3×②=6　3×⑥=18

3×③=9　3×⑦=21

3×④=12　3×⑧=24

3×⑨=27

3 4のだんを思い出して÷4にチャレンジ！

①16÷4＝

②28÷4＝

③8÷4＝

④20÷4＝

⑤36÷4＝

＜4のだん＞

4×①=4　4×⑥=24

4×②=8　4×⑦=28

4×③=12　4×⑧=32

4×④=16　4×⑨=36

4×⑤=20

4 ÷1(1のだん!?)シリーズ

6÷1=6

7÷1=7

÷1しても同じ数♪

①8÷1＝

②9÷1＝

③3÷1＝

④945÷1＝

5 同じ数でわるとかならず1!! シリーズ

4÷4=1

9÷9=1

①5÷5＝

②7÷7＝

③1÷1＝

④9542÷9542＝

6 0《ゼロ》シリーズ♪

なんにもないのを　わけても…

①0÷4＝

②0÷8＝

③0÷395＝

④0÷68700＝

7 おまけクイズ。次《つぎ》の問題《もんだい》の中で、8÷2で答《こた》えるものはどれでしょう。○をしましょう。(1つではないかも…)

(　)①8このあめを2こずつくばったら何人もらえますか。

(　)②8人グループを2つつくったら、全《ぜん》ぶで何人ですか。

(　)③8こ入りのギョウザを2パック買ったら、ギョウザは何こですか。

(　)④8このギョウザを2人でわけたら、1人何こですか。

いいね〜そのかんじ!!

あまりのあるわり算 れんしゅう

名前（　　　　　　　　）

いくつに分ける？がわからない方式

①**13**このビーだまを**3**こずつ ふくろに入れていったら、
何ふくろできるでしょう。
そして何こあまる？

しき（　　　　　　）
答え（　　　　　　）

②**20**人の子どもを**3**人グループで組んでいったら、
何グループできて、何人あまるでしょう。

しき（　　　　　　）
答え（　　　　　　）

③**25**mのテープを**3**mずつ切っていったら、
テープは何本できて、何mあまるでしょう。

3m 3m ……

しき（　　　　　　）
答え（　　　　　　）

①、②、③は
3のだんを
見て…。
全体《ぜんたい》の数《かず》が
少《すく》ない方に近《ちか》い
ところを見つける！

3×1=3
3×2=6
3×3=9
3×4=12 ← ① 13よりすくなくて近い
3×5=15
3×6=18 ← ② 20よりすくなくて近い
3×7=21
3×8=24 ← ③ 25より少なくて近い
3×9=27

（トランプ方式）
いくつずつ分ける？がわからない方式

④**15**このチョコを**4**人で分けます。（同じ数ずつ）
1人何こもらえて、何こあまるでしょう。

しき（　　　　　　）
答え（　　　　　　）

⑤**25**つぶの豆《まめ》を**4**人で同じ数ずつ分けると、
1人何つぶもらえて、何つぶあまるでしょう。

しき（　　　　　　）
答え（　　　　　　）

⑥**27**このからあげを**5**人で同じ数ずつ分けると、1人何こもらえて、何こあまるでしょう。

しき（　　　　　　）
答え（　　　　　　）

⑦**39**本のペンを**5**人で同じ数ずつ分けると、1人何本もらえて、何本あまるでしょう。

しき（　　　　　　）
答え（　　　　　　）

④、⑤は
4のだんを
見て。
全体《ぜんたい》の数《かず》が
少《すく》ない方に近《ちか》い
ところを見つける！

4×1=4
4×2=8
4×3=12
4×4=16
4×5=20
4×6=24
4×7=28
4×8=32
4×9=36

⑥、⑦は
5のだんを見て。

5×1=5
5×2=10
5×3=15
5×4=20
5×5=25
5×6=30
5×7=35
5×8=40
5×9=45

27はどこが近い？
39はどこが近い？

分数 まとめプリント 名前（　　　　）

1. 下の図の長さやかさを、分数で表しましょう。

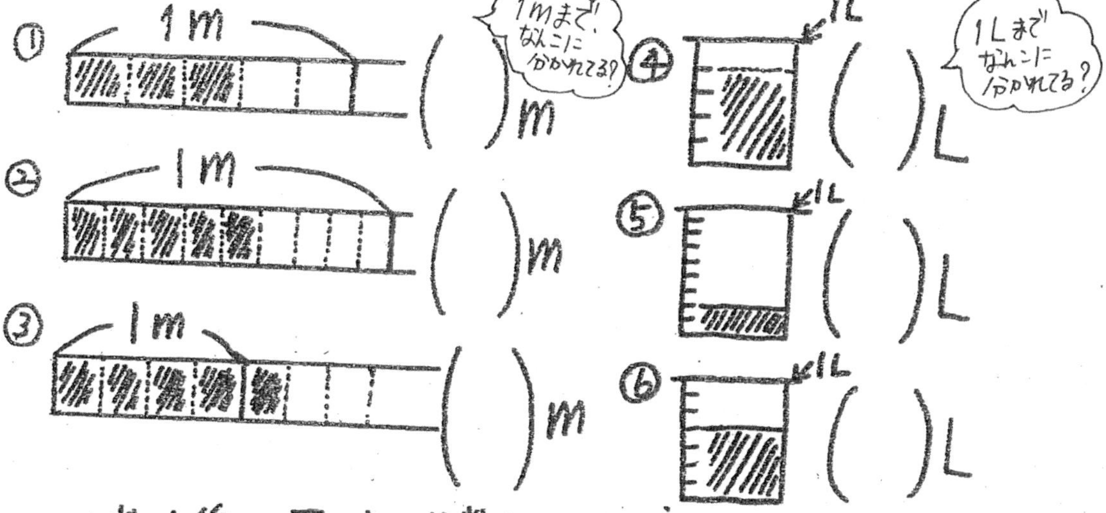

①
1m
（　）m
1mまで！なんこに分かれてる？
②
1m
（　）m
③
1m
（　）m
④
1L
（　）L
1Lまでなんこに分かれてる？
⑤
1L
（　）L
⑥
1L
（　）L

2. 下の数直線の、□の中に分数を入れましょう。

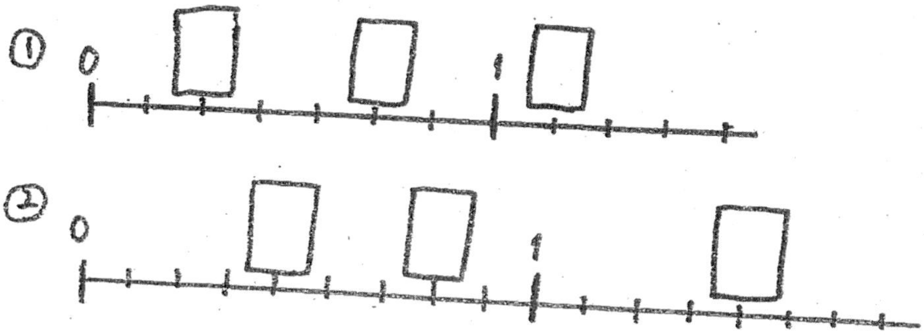

①
0
1
②
0
1

3. 次の□にあてはまる数を書きましょう。

① $\frac{1}{5}$mが4こ分で□m　　③ $\frac{5}{9}$は$\frac{1}{9}$を□こあつめた数である。

② $\frac{1}{8}$Lが□こ分で$\frac{7}{8}$L　　④ $\frac{1}{4}$を□こあつめると、1である。

4. 不等号、等号（＞，＜，＝）を入れましょう。

① $\frac{5}{6}$□$\frac{7}{6}$　② $\frac{4}{7}$□$\frac{2}{7}$　③ $\frac{1}{3}$□0　④ $\frac{8}{9}$□1

三角形 まとめプリント

名前（　　　　）

1. 二等辺三角形についてのせつめいです。
□にことばを入れましょう。

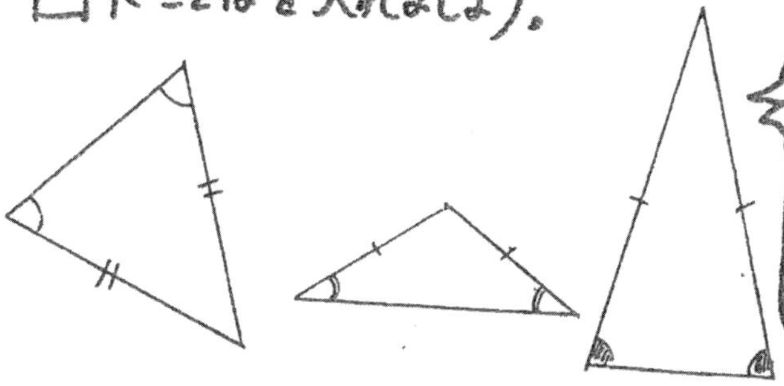

二等辺三角形は、
2つの□が等《ひと》しく、
2つの□が等しい
三角形です。

2. 正三角形についてのせつめいです。
□にことばを入れましょう。

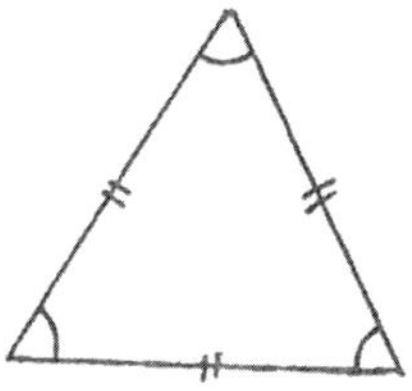

正三角形は、
辺《へん》が□つとも等《ひと》しく、
角《かく》が□つとも等しい三角形です。

3. 次の二等辺三角形について答えましょう。

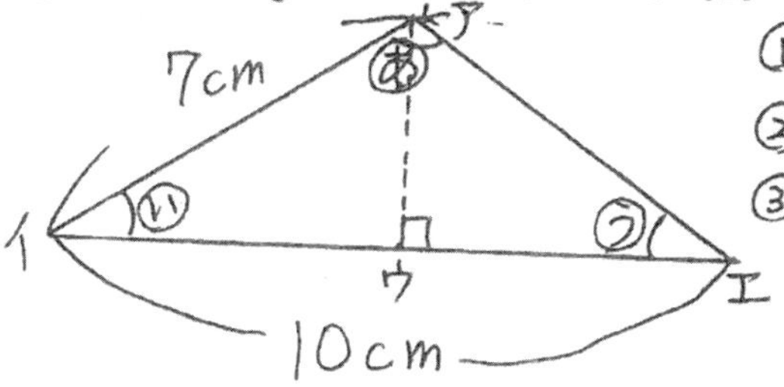

① アエは何cmでしょう。（　　　）
② ウエは何cmでしょう。（　　　）
③ 角いと同じ大きさの角は、あとう どちらでしょう。（　　　）

4. 次の正三角形について答えましょう。

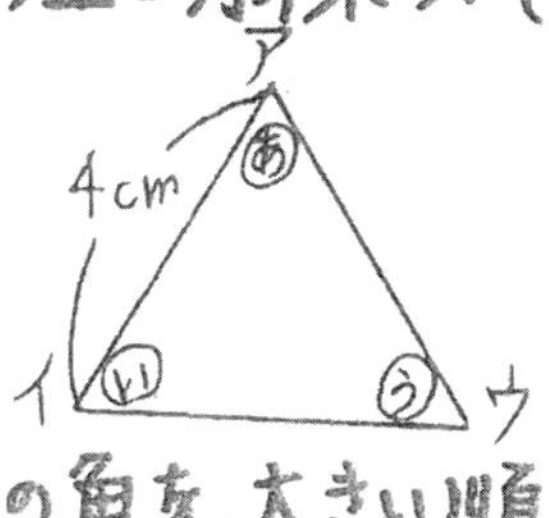

① アウは何cmでしょう。（　　　）
② イウは何cmでしょう。（　　　）
③ 角いと同じ大きさの角はどれでしょう。
（　　　）

5. 次の角を、大きい順にならべましょう。

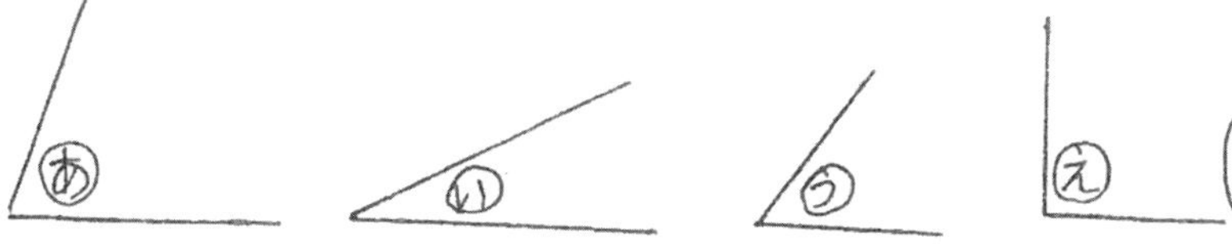

（　→　→　→　）

三角形の3つの角の和（たすと…）180°（ア+イ+ウ）

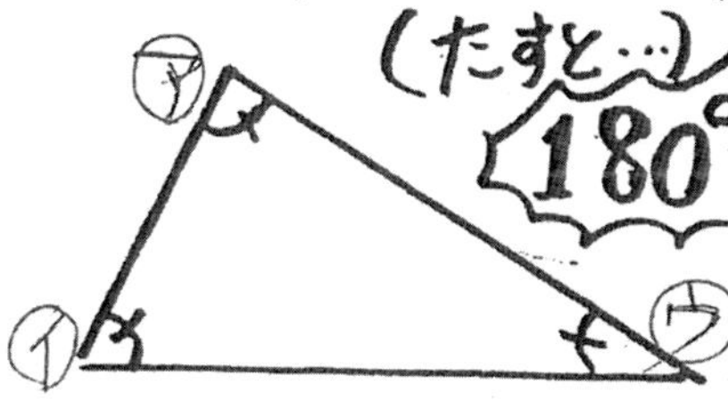

四角形の4つの角の和（たすと…）360°

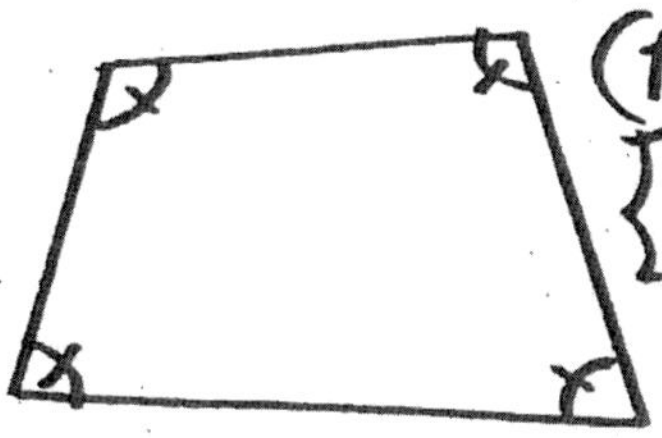

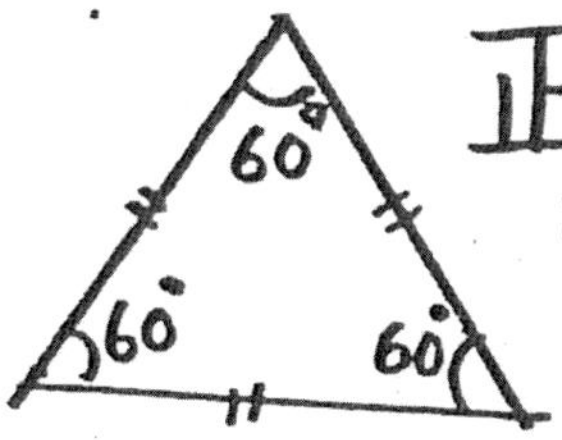

だから…

正三角形は角がすべて60°

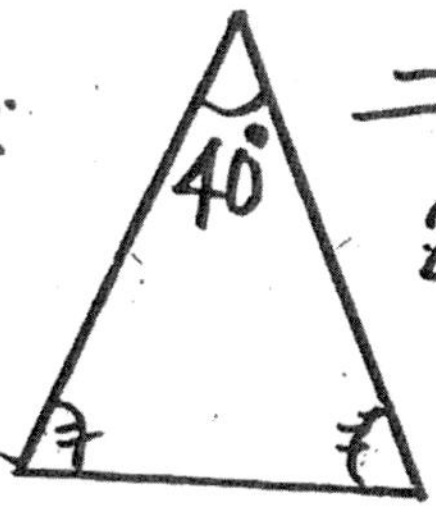

二等辺三角形は2つの角が同じだから…（等しい）

たとえば、1つの角が40°なら、

180−40=140

140÷2=70° で

もう2つは70° ということ！

2つの

三角定規の三角形は…

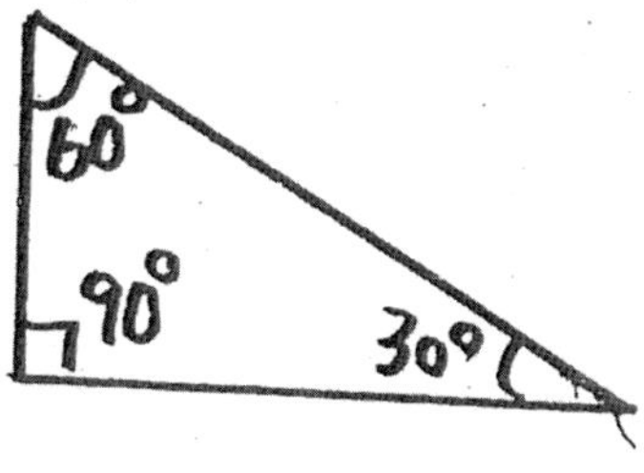

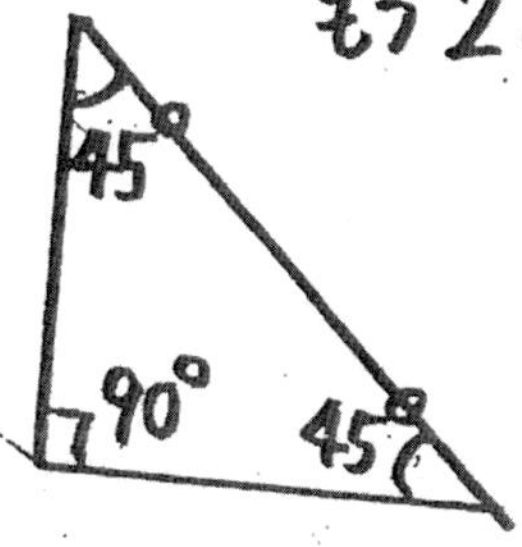

…とキマッています!!
おぼえよう。

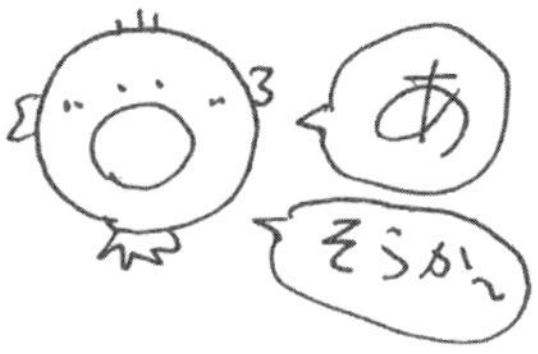

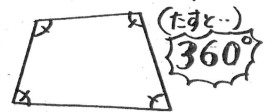

四捨五入

四捨五入する位《くらい》が0～4 のとき ⟶ 左どなりの位《くらい》は変わらない

5～9 のとき ⟶ 左どなりの位は1つふえる

パターン1

(例)百の位で四捨五入

5985 ⟶ 6000
(5985)

47245 ⟶ 47000
(47245)

四捨五入した所から
小さい位は
全部ゼロ!

(れんしゅう①)

1. 一万の位で四捨五入しなさい。

① 498521 →

② 812734 →

2. 千の位で四捨五入しなさい。

① 375399 →

② 44861 →

パターン2

(例)四捨五入して百の位までのがい数にしなさい。

「までの」ときたら、1つ小さい位で四捨五入

・8552 を四捨五入して百の位までのがい数に ⟶ 8600
(8552)
百の位より1つ小さい
十の位で四捨五入

・61675 を四捨五入に千の位までのがい数に ⟶ 62000
(61675)
千の位の1つ小さい
百の位で四捨五入

2. 次の数を四捨五入して千の位までの
がい数にしなさい。

① 493875 →

② 67458 →

3. 次の数を四捨五入して一万の位までのがい数にしなさい。

① 8235789 →

② 3214967 →

倍数と約数

◎ 倍数…かけ算の答え！

4の倍数 → 4, 8, 12, 16, 20, 24, 28 ……
6の倍数 → 6, 12, 18, 24, 30, 36 ……

公倍数…2つの数の共通の倍数！

最小公倍数…公倍数の中の最小の数！ → 4と6の最小公倍数 12

◎ 約数…その数をわれる数！

18の約数 → 1, 2, 3, 6, 9, 18
12の約数 → 1, 2, 3, 6, 12

公約数…2つの数の共通の約数！

最大公約数…公約数の中の最大の数！ → 18と12の最大公約数 6

☆最小公倍数シリーズ!!

おたがいの数をかけるとき と そうでないとき とある!!

(例) 3と7, → 3×7=21
5と9 → 5×9=45
2と5 → 2×5=10
4と7 → 4×7=28

(例) 4と6 → 12
・6と8 → 24
・8と12 → 24
・6と9 → 18

・4と10 → 20
・6と10 → 30
・8と10 → 40
・9と12 → 36

・6と12 → 12
・2と4 → 4
・2と8 → 8
・4と8 → 8
・5と10 → 10
・3と9 → 9

倍数どうしなら大きい方！

☆最大公約数シリーズ!!

2つの数は何の段の答え？ いくつもあれば一番大きい数!!

・8と12 → 4のだん！「4」 「2」もそうだけど大きい方！
・21と35 → 7のだん！「7」
18と27 → 9のだん！「9」 「3」もそうだけど、大きい方！

・6と12 → 6
・3と9 → 3
・5と10 → 5
・4と8 → 4

倍数どうしなら小さい方！

約分と通分（分数）

◎約分…分子と分母を同じ数でわれる、最大の数でわって、小さい数にする！
（最大公約数）

$$\frac{16}{24} \longrightarrow \frac{16\div 8}{24\div 8}=\frac{2}{3}$$

$$\frac{7}{35} \longrightarrow \frac{7\div 7}{35\div 7}=\frac{1}{5}$$

分母を最小公倍数の数にする!!

◎通分…分子と分母に同じ数をかけて、分母を同じにする！

$$\frac{1}{5}+\frac{1}{7}=\frac{1\times \textcircled{7}}{5\times \textcircled{7}}+\frac{1\times \textcircled{5}}{7\times \textcircled{5}}=\frac{7}{35}+\frac{5}{35}=\frac{12}{35}$$

最小公倍数35！

$$\frac{3}{8}+\frac{1}{12}=\frac{3\times \textcircled{3}}{8\times \textcircled{3}}+\frac{1\times \textcircled{2}}{12\times \textcircled{2}}=\frac{9}{24}+\frac{2}{24}=\frac{11}{24}$$

最小公倍数24！

問題① 次の分数を約分しましょう。

(1) $\frac{2}{6}=\frac{2\div(\ )}{6\div(\ )}=$

(3) $\frac{40}{56}=\frac{40\div(\ )}{56\div(\ )}=$

(2) $\frac{12}{18}=\frac{12\div(\ )}{18\div(\ )}=$

(4) $\frac{4}{22}=\frac{4\div(\ )}{22\div(\ )}=$

問題② 次の分数のたし算・ひき算を計算しましょう。

(1) $\frac{5}{8}+\frac{2}{5}=$

(2) $\frac{2}{7}+\frac{1}{3}=$

(3) $\frac{5}{8}-\frac{4}{9}=$

(4) $\frac{9}{10}-\frac{2}{3}=$

分数
たしざん
ひきざん

最小公倍数ヒント！

通分するよ！

$\frac{1}{5}$ と $\frac{1}{7}$ ⟶ $\frac{1\times⑦}{5\times⑦}$, $\frac{1\times⑤}{7\times⑤}$

分母どうしをかけて、
分数の上・下は同じ数をかける。

★分母どうしをかけた数ではない場合…

① ある数とその約数のとき ── その大きい方の数が最小公倍数

$\frac{1}{6}$ と $\frac{5}{12}$ ⟶ 最小公倍数は12!! ⟶ $\frac{1\times2}{6\times2}$ と $\frac{5}{12}$
（こっちだけあわせる）

$\frac{3}{4}$ と $\frac{1}{16}$ ⟶ 最小公倍数は16! ⟶ $\frac{3\times4}{4\times4}$ と $\frac{1}{16}$

② おたがい、ある数の倍数のとき

6と9 ⟶（おたがい3の倍数）⟶「18」

よく出てくる2つの数と、その最小公倍数

- 4と6 → 12
- 6と9 → 18
- 6と8 → 24
- 4と10 → 20
- 6と10 → 30
- 8と10 → 40
- 9と12 → 36
- 6と15 → 30
- 9と15 → 45
- 8と12 → 24
- 12と16 → 48
- 12と18 → 36
- 4と14 → 28
- 6と14 → 42
- 8と14 → 56
- 12と14 → 84
- 8と18 → 72

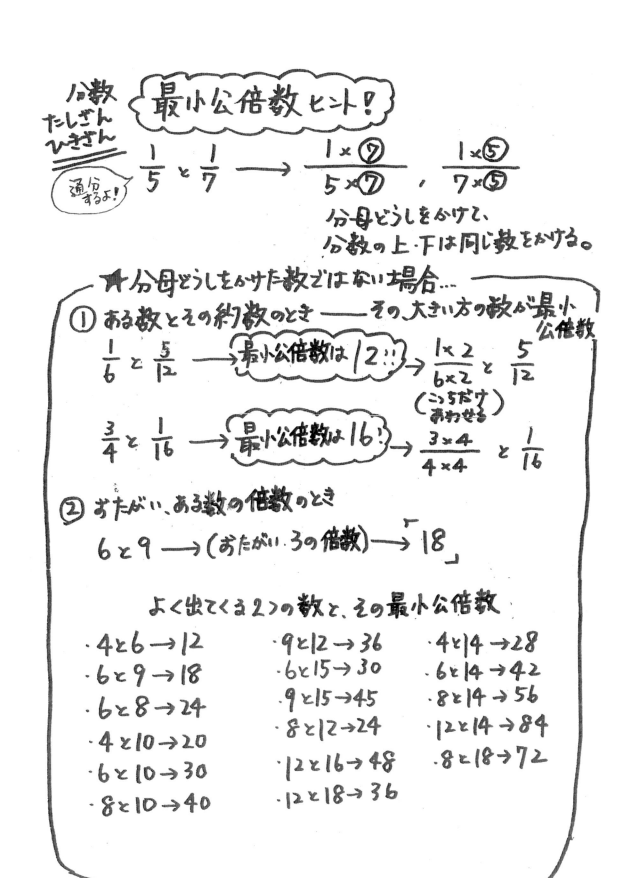

1. 通分して計算しましょう。

① $\frac{2}{5}+\frac{4}{15}=$

② $\frac{1}{24}+\frac{3}{8}=$

③ $\frac{5}{9}-\frac{5}{36}=$

④ $\frac{1}{8}-\frac{1}{12}=$

⑤ $\frac{8}{9}-\frac{5}{12}=$

⑥ $\frac{3}{4}+\frac{5}{6}=$

⑦ $\frac{7}{15}-\frac{2}{9}=$

⑧ $\frac{1}{12}+\frac{1}{18}=$

⑨ $\frac{1}{6}+\frac{3}{14}=$

⑩ $\frac{5}{6}-\frac{3}{10}=$

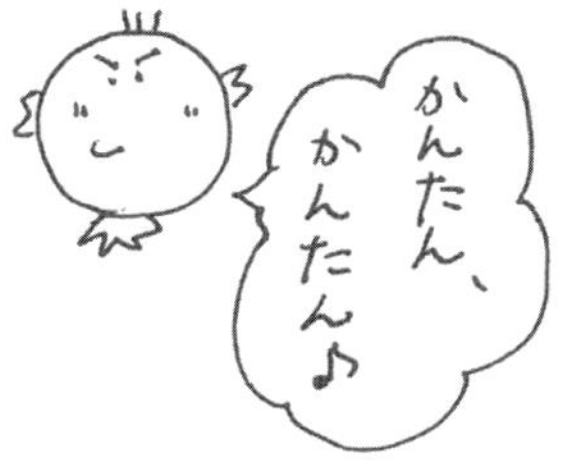

分数の約分に…

最大公約数セット!

① $\frac{分子}{分母}$ …まず、分母÷分子ができれば、やっちゃおう!

$$\frac{3}{12}=\frac{3\div3}{12\div3}=\frac{1}{4}$$

$$\frac{5}{35}=\frac{5\div5}{35\div5}=\frac{1}{7}$$

② 分母÷分子が×《ダメ》なら、共通してわれる数があるか…?

みつけよう!

なんのだんの答えだ〜!?

$\frac{6}{9}$ → あ!3のだんのこたえだ! → $\frac{6\div3}{9\div3}$

$\frac{12}{18}$ → あ!3のだんのこたえ!…でも、6のだんもだ。 → $\frac{12\div6}{18\div6}$ 大きい方ね!

※ 

一のくらいが0、2、4、6、8だったら「2」でわれるよ!

(例) 26と14、108と22

☆ よく出てくる倍数(われる数)

・「18」でわれるよ!(18の倍数)…18, 36, 54, 72, 90
・「17」 〃 ….17, 34, 51, 68, 85
とくに→★「16」 〃 …16, 32, 48, 64, 80, 96
チェック→★「15」 〃 …15, 30, 45, 60, 75, 90
!! ・「14」 〃 …14, 28, 42, 56, 70, 84, 98
・「13」 〃 …13, 26, 39, 52, 65, 78, 91
★「12」 〃 …12, 24, 36, 48, 60, 72, 84, 96
★「11」 〃 …11, 22, 33, 44, 55, 66, ……

＊次の分数を約分しましょう。

① $\frac{9}{12} = \frac{9 \div}{12 \div} =$

② $\frac{15}{35} = \frac{15 \div}{35 \div} =$

③ $\frac{18}{42} =$

④ $\frac{4}{12} =$

⑤ $\frac{5}{20} =$

⑥ $\frac{8}{24} =$

⑦ $\frac{36}{81} =$

⑧ $\frac{28}{56} =$

⑨ $\frac{22}{55} =$

⑩ $\frac{12}{36} =$

⑪ $\frac{15}{60} =$

⑫ $\frac{12}{60} =$

⑬ $\frac{13}{39} =$

⑭ $\frac{28}{32} =$

分数の計算 レベル2 名前(　　　　　)

通分 とくべつパターンその①

片方の数に合わせる!!

$\frac{2}{7}+\frac{1}{14}$

7の方だけを14に変身!!

$\frac{2}{7}+\frac{1}{14}=\frac{2\times2}{7\times2}+\frac{1}{14}=\frac{4}{14}+\frac{1}{14}=\frac{5}{14}$

〈練習1〉

① $\frac{1}{2}+\frac{3}{8}$ → $\frac{1}{2}$だけ、$\frac{\quad}{8}$…に変身! → $\frac{1\times○}{2\times○}+\frac{3}{8}=\frac{\quad}{8}$

② $\frac{2}{9}+\frac{1}{3}$ → $\frac{1}{3}$だけ、$\frac{\quad}{9}$…に変身! → $\frac{2}{9}+\frac{1\times○}{3\times○}=\frac{\quad}{9}$

③ $\frac{2}{9}+\frac{5}{18}$ → $\frac{2}{9}$だけ、$\frac{\quad}{18}$…に変身!! → $\frac{2\times○}{9\times○}+\frac{5}{18}=\frac{\quad}{18}$

④ $\frac{2}{5}+\frac{3}{10}$ → $\frac{2}{5}$だけ、$\frac{\quad}{10}$…に変身!! → $\frac{2\times○}{5\times○}+\frac{3}{10}=\frac{\quad}{10}$

⑤ $\frac{1}{12}+\frac{5}{6}$ → $\frac{5}{6}$だけ、$\frac{\quad}{12}$…に変身!! → $\frac{1}{12}+\frac{5\times○}{6\times○}=\frac{\quad}{12}$

分数の計算　レベル3　名前（　　　　　　　　）

通分とくべつパターン その②

ふつうにかけた数より小さい数を分母にする!!

$\frac{2}{9}+\frac{1}{6}=$（9×6＝54 より、小さい 18が、最小公倍数!!）→ $\frac{2\times②}{9\times②}+\frac{1\times③}{6\times③}$

（9×②：18にする　6×③：18にする）

$\frac{3}{4}+\frac{5}{6}=$（4×6＝24 より小さい 12が、最小公倍数）→ $\frac{3\times③}{4\times③}+\frac{1\times②}{6\times②}$

（4×③：12にする　6×②：12にする）

☆ちなみに…
この、とくべつパターンのくみあわせの一部は…

- 4と6→12
- 6と8→24
- 8と12→24
- 6と9→18
- 4と10→20
- 6と10→30
- 8と10→40
- 9と12→36
- 6と15→30
- 9と15→45
- 8と20→40
- 12と20→60
- 10と15→30

などなど!!…

〈練習1〉

① $\frac{1}{6}+\frac{3}{8}=\frac{1\times\bigcirc}{6\times\bigcirc}+\frac{3\times\square}{8\times\square}=\frac{\quad}{24}+\frac{\quad}{24}=$

② $\frac{5}{6}+\frac{4}{9}=\frac{5\times\bigcirc}{6\times\bigcirc}+\frac{4\times\square}{9\times\square}=\frac{\quad}{18}+\frac{\quad}{18}=$

③ $\frac{3}{8}+\frac{3}{10}=\frac{3\times\bigcirc}{8\times\bigcirc}+\frac{3\times\square}{10\times\square}=\frac{\quad}{40}+\frac{\quad}{40}=$

分数の計算 レベル4 名前(　　　　　　　　)

さいごに約分(ミニサイズ)する!! 通《ツー》も約《ヤク》もある

〈練習1〉

① $\frac{2}{5}+\frac{4}{15}=\frac{2\times\bigcirc}{5\times\bigcirc}+\frac{4}{15}=\frac{\quad}{15}+\frac{4}{15}=\frac{\quad}{15}=\frac{\quad\div\square}{15\div\square}=$

こっちだけ「15」にする!　そのまま

② $\frac{1}{12}+\frac{1}{6}=\frac{1}{12}+\frac{1\times\bigcirc}{6\times\bigcirc}=\frac{1}{12}+\frac{\quad}{12}=\frac{\quad}{12}=\frac{\quad\div\square}{12\div\square}=$

そのまま　こっちだけ「12」にする!

③ $\frac{3}{7}+\frac{1}{14}=\frac{3\times\bigcirc}{7\times\bigcirc}+\frac{1}{14}=\frac{\quad}{14}+\frac{1}{14}=\frac{\quad}{14}=\frac{\quad\div\square}{14\div\square}=$

そのまま　こっちだけ 14にする!

④ $\frac{1}{10}+\frac{2}{5}=\frac{1}{10}+\frac{2\times\bigcirc}{5\times\bigcirc}=\frac{1}{10}+\frac{\quad}{10}=\frac{\quad}{10}=\frac{\quad\div\square}{10\div\square}=$

そのまま　こっちだけ 10にする!

〈練習2〉

① $\frac{1}{5}+\frac{7}{15}=$

② $\frac{5}{12}+\frac{5}{6}=$

③ $\frac{4}{7}+\frac{13}{14}=$

④ $\frac{7}{10}+\frac{4}{5}=$

整数・小数・分数

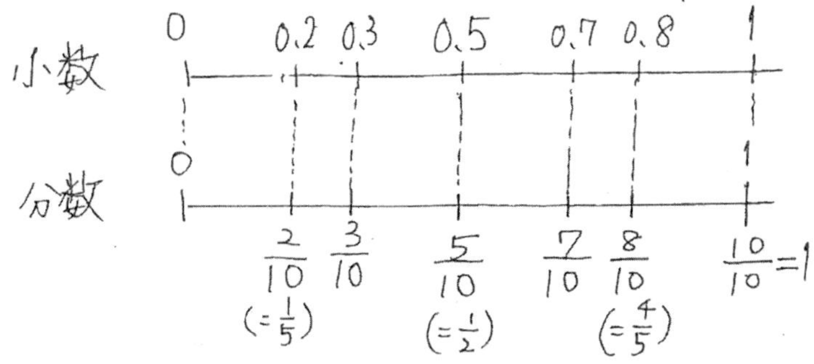

$0.1=\frac{1}{10}$

$0.01=\frac{1}{100}$

$0.001=\frac{1}{1000}$

（小数、分数の関係）

① 小数→分数

$0.2 \longrightarrow \frac{2}{10}$

小数第1位の数　　必ず分母は10

$0.95 \longrightarrow \frac{95}{100}$

小数第2位の数　　必ず分母は100

② 分数→小数

$\frac{2}{5}=2\div5=0.4$

（上÷下）

$\frac{3}{8}=3\div8=0.375$

〈れんしゅう〉

1. ① 0.7　② $\frac{11}{10}$　③ 1.9　④ $2\frac{1}{2}$

①～④が数直線のどこか↑で示しましょう。

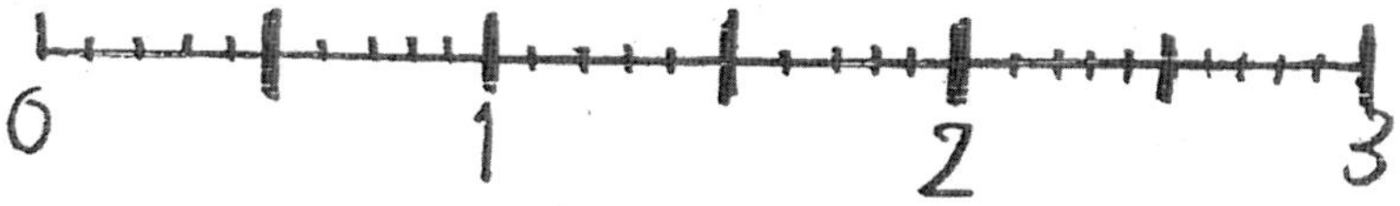

2. 小数を分数に直しましょう。

① 0.69＝　　③ 0.007＝

② 83.2＝　　④ 1.4＝

3. 分数を小数に直しましょう。

① $\frac{5}{8}=$　② $\frac{9}{10}=$　③ $\frac{3}{4}=$　④ $\frac{4}{5}=$

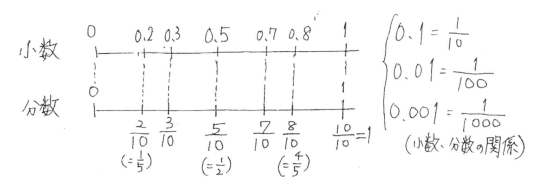

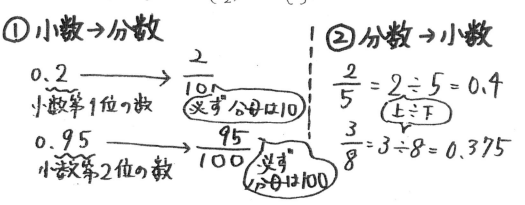

いろいろな図形の面積

平行四辺形

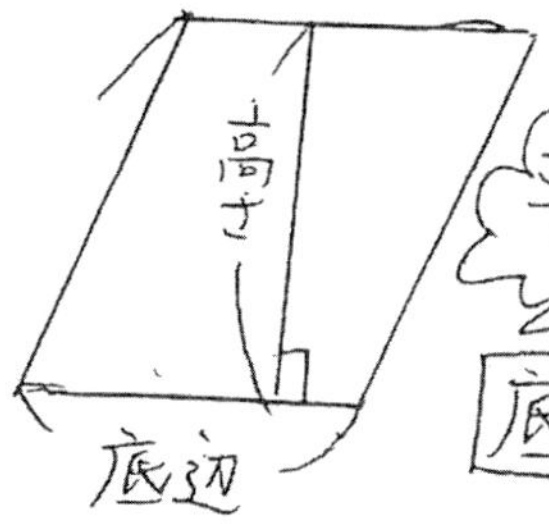

高さ
底辺

底辺×高さ

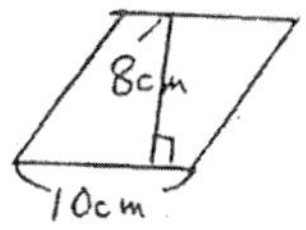

8cm
10cm

10×8＝80

A．80cm²

三角形

高さ
底辺

底辺×高さ÷2

4cm
6cm

6×4÷2＝12

A．12cm²

長方形

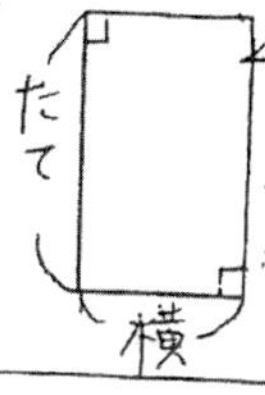

たて
横

たて×横

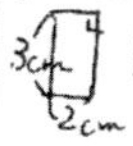

3cm
2cm

3×2＝6（cm²）

正方形

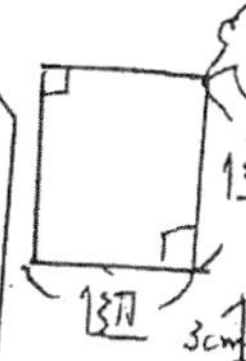

1辺
1辺

1辺×1辺

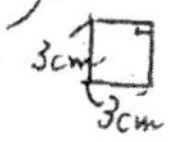

3cm
3cm

3×3＝9（cm²）

台形

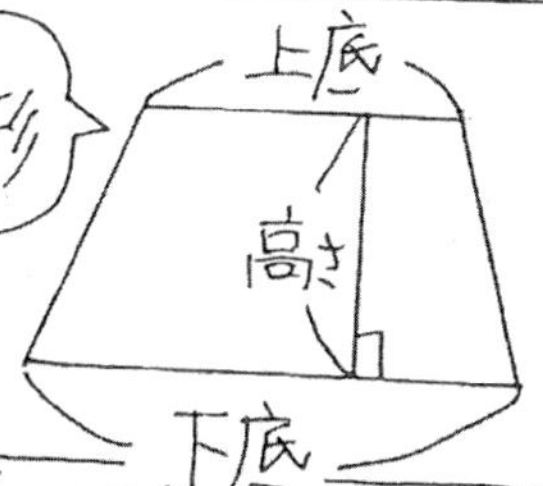

上底
高さ
下底

（上底＋下底）×高さ÷2

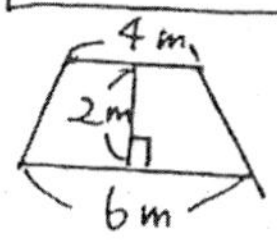

4m
2m
6m

（4＋6）×2÷2＝10

A．10m²

ひし形

対角線

対角線×対角線÷2

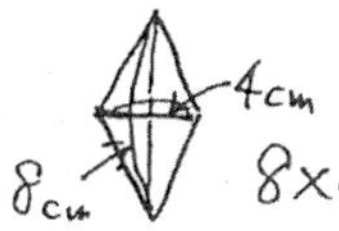

4cm
8cm

8×4÷2＝16

A．16cm²

（れんしゅう）

◎次の図形の面積を求めましょう。

①

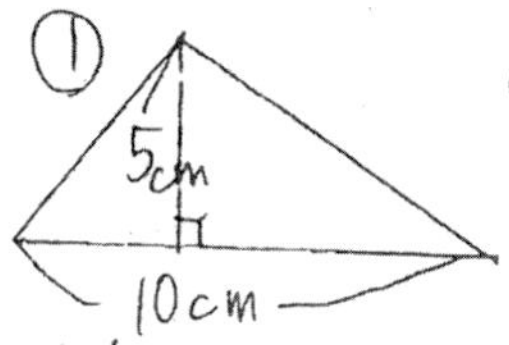

5cm
10cm

式（　　　　）

答え（　　　　）

②

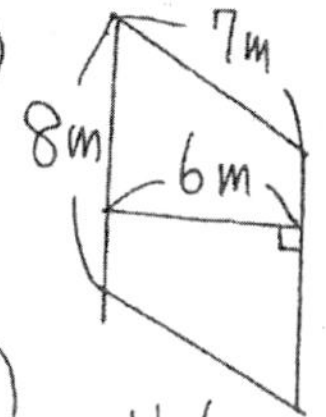

7m
8m
6m

式（　　　　）

答え（　　　　）

③

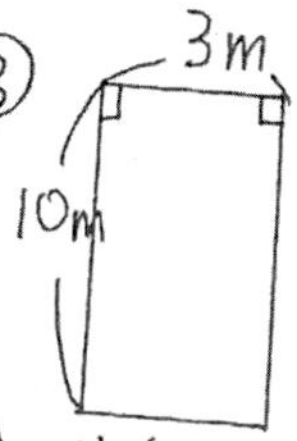

3m
10m

式（　　　　）

答え（　　　　）

④

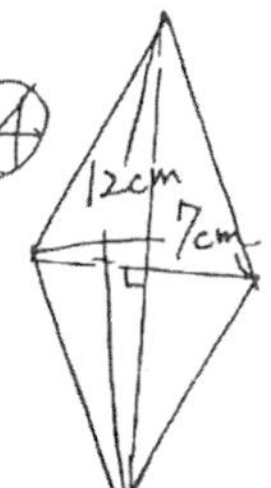

12cm
7cm

式（　　　　）

答え（　　　　）

⑤

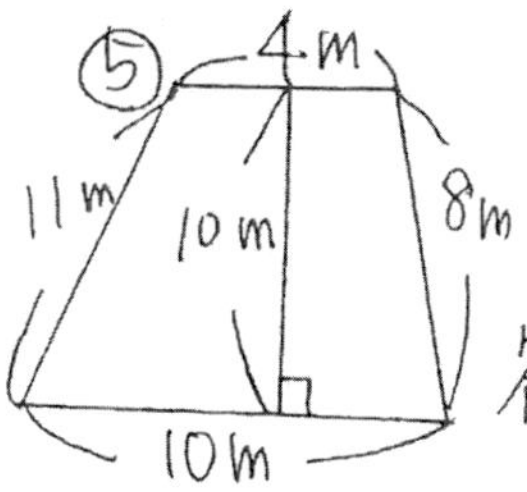

4m
11m
10m
8m
10m

式（　　　　）

答え（　　　　）

⑥

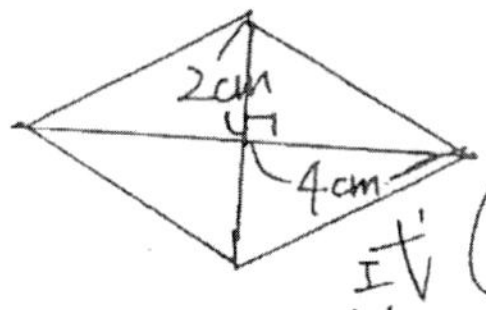

2cm
4cm

式（　　　　）

答え（　　　　）

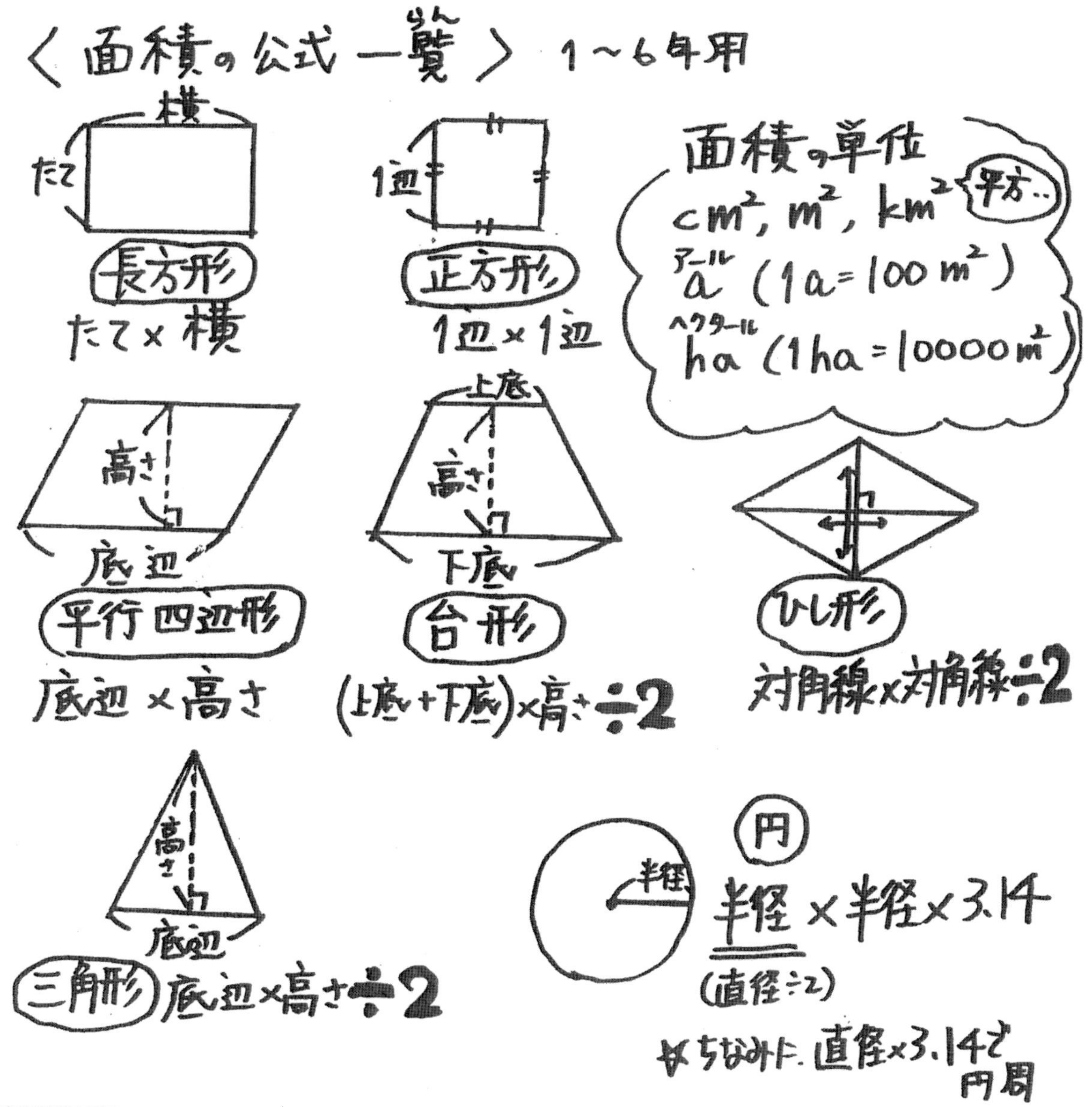
〈面積の公式一覧《らん》〉1〜6年用
横
たて
長方形
たて×横
1辺
正方形
1辺×1辺
面積の単位
cm^2, m^2, km^2 平方…
a《アール》 (1a=100m^2)
ha《ヘクタール》 (1ha=10000m^2)
高さ
底辺
平行四辺形
底辺×高さ
上底
高さ
下底
台形
(上底+下底)×高さ÷2
ひし形
対角線×対角線÷2
高さ
底辺
三角形 底辺×高さ÷2
半径
円
半径×半径×3.14
(直径÷2)
※ちなみに、直径×3.14で円周

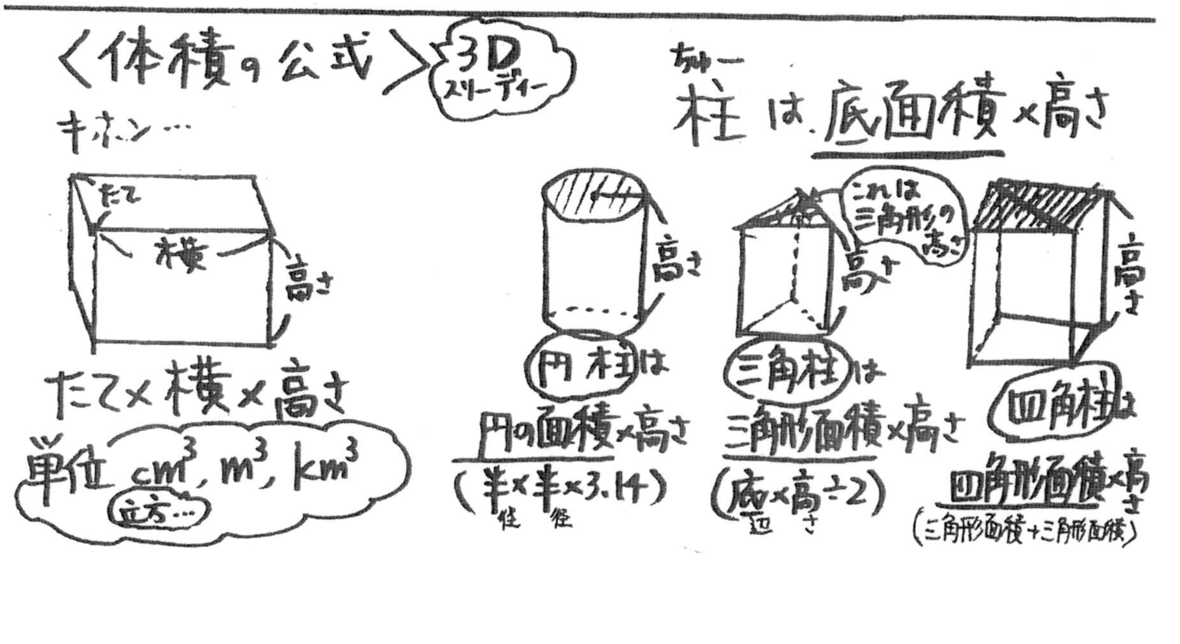
〈体積の公式〉 3D スリーディー
キホン…
たて
横
高さ
たて×横×高さ
単位 cm^3, m^3, km^3
立方…
柱《ちゅー》は底面積×高さ
高さ
円柱は
円の面積×高さ
(半径×半径×3.14)
これは三角形の高さ
高さ
三角柱は
三角形面積×高さ
(底辺×高さ÷2)
高さ
四角柱は
四角形面積×高さ
(三角形面積+三角形面積)

角度・多角形

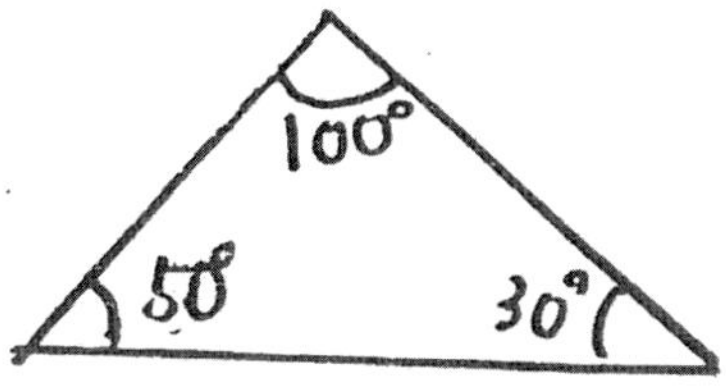

三角形の3つの角は
たして180°

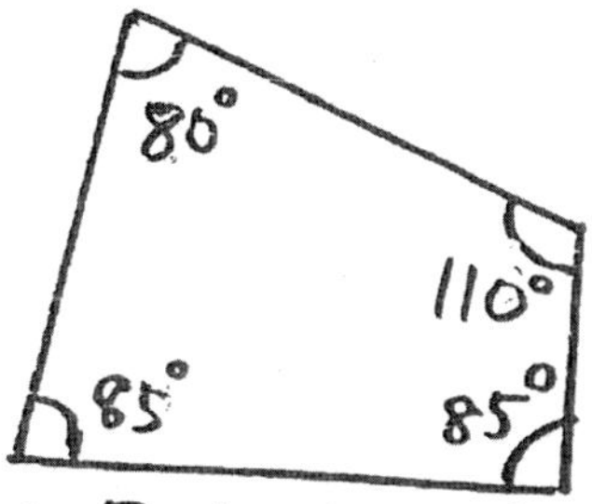

四角形の4つの角は
たして360°

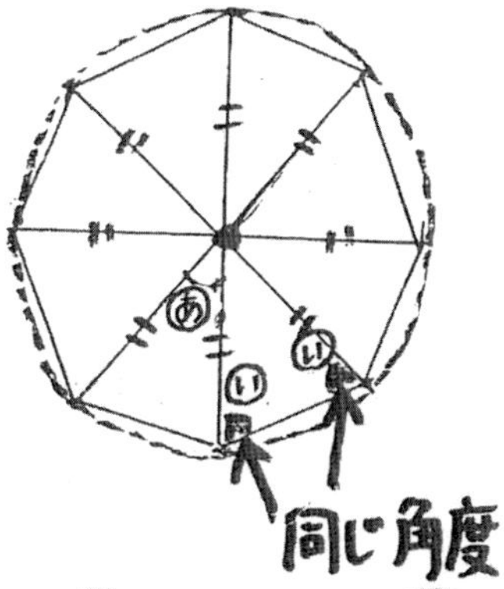

正多角形は、円の内側に
←このように作ることができて、
すべて半径2本の二等辺三角形
からできている。

正八角形だったら、あは $360 \div 8 = 45°$

いは、$(180-45) \div 2 = 67.5°$

〈れんしゅう〉…何度でしょう。

①

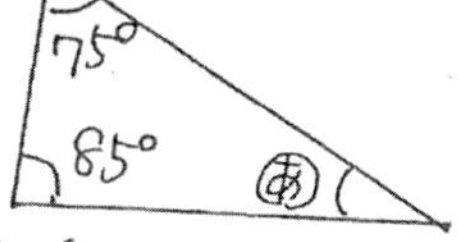

あ（　　　）

②

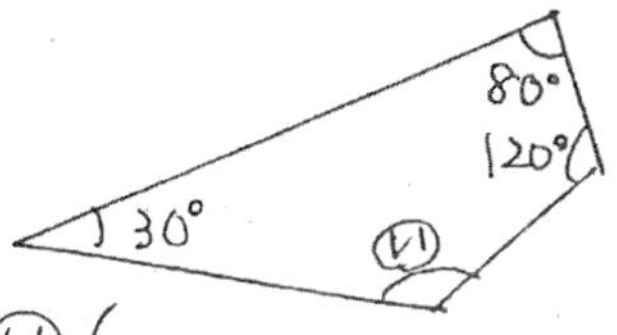

い（　　　）

③

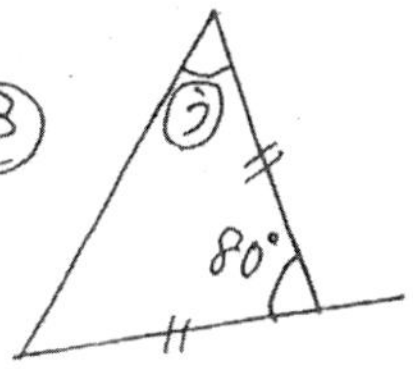

う（　　　）

④

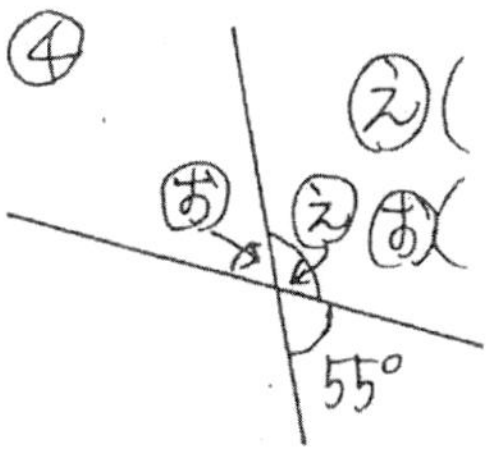

え（　　　）
お（　　　）

⑤

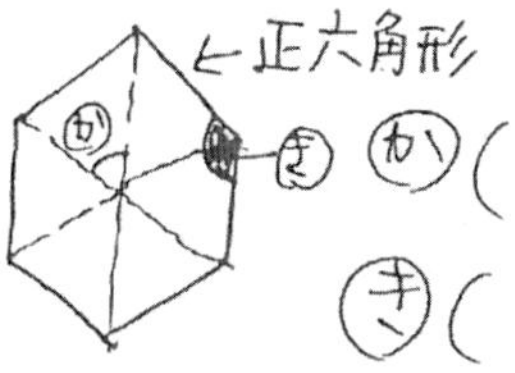

か（　　　）
き（　　　）

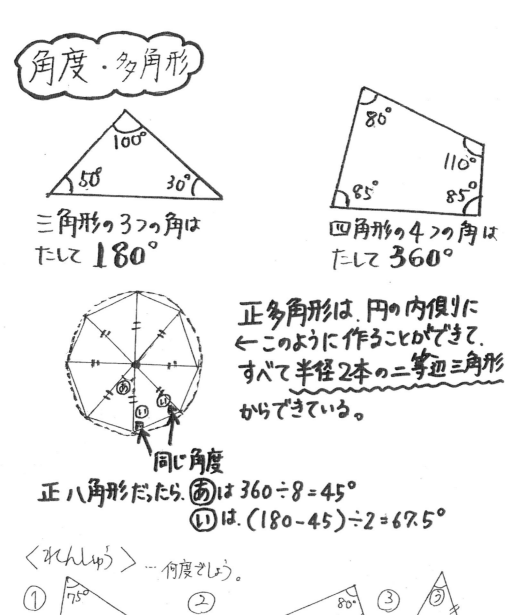

体積 … 単位は cm^3、m^3、km^3 3D

直方体

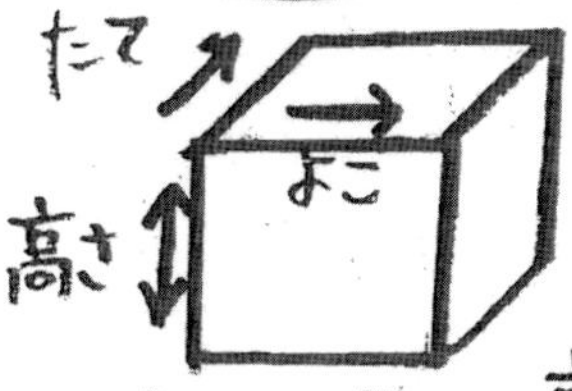
たて
よこ
高さ

たて×よこ×高さ

立方体

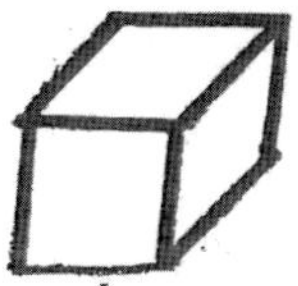

一辺×一辺×一辺

円柱

高さ

円の面積 ×高さ
(半径×半径×3.14)

角柱

(1)三角柱

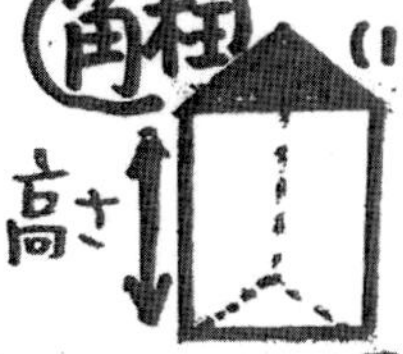
高さ

三角形の面積×高さ
(底辺×高さ÷2)

(2)四角柱

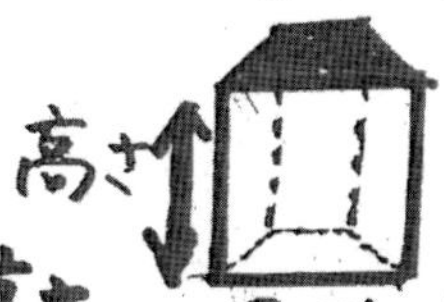
高さ

四角形の面積×高さ
(台形なら、(上底+下底)×高さ÷2
平行四辺形なら、底辺×高さ
ひし形なら、対角線×対角線÷2
長方形なら たて×よこ)

◎次の立体の体積は?
(れんしゅう)

①

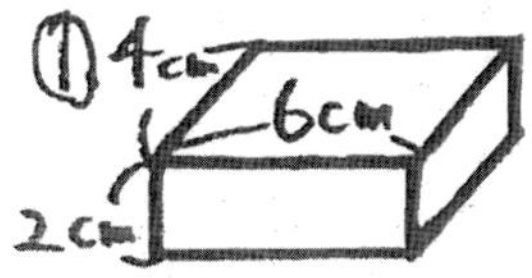
4cm
6cm
2cm

式( )
答え( )

②

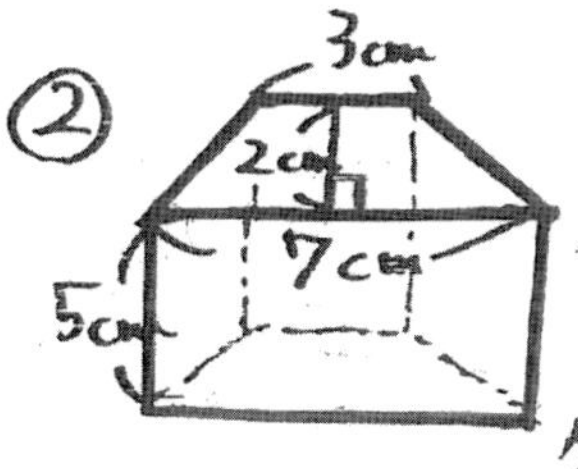
3cm
2cm
7cm
5cm

式( )
答え( )

③

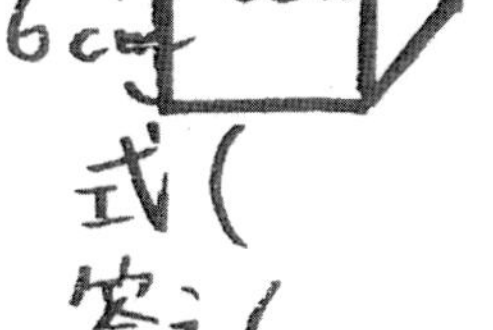
6cm
6cm
6cm

式( )
答え( )

④

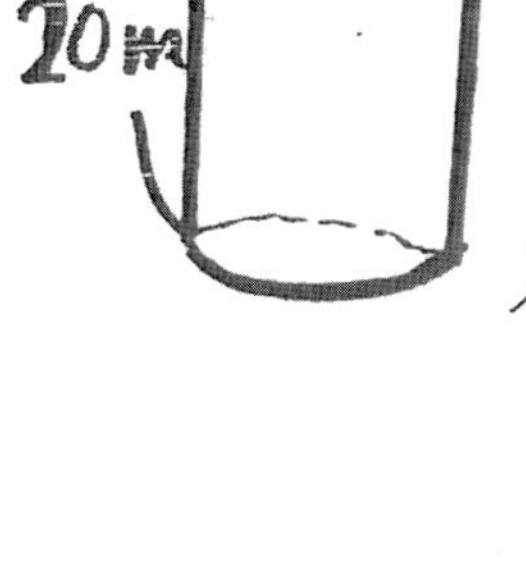
9cm
20cm

式( )
答え( )

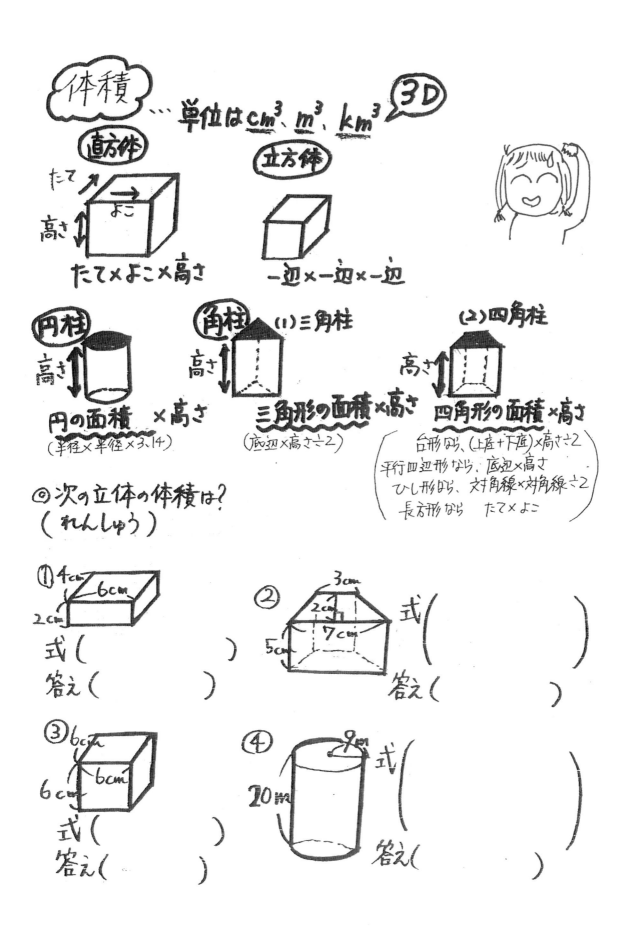

円

①円周を出す

直径×3.14

※逆に、直径は？ときかれたら、
円周÷3.14

②円の面積を出す

半径×半径×3.14

※  直径しか書いていない問題のときは、直径÷2＝半径をして計算。

〈れんしゅう〉

1. 次の円の円周と面積を出しましょう。

①

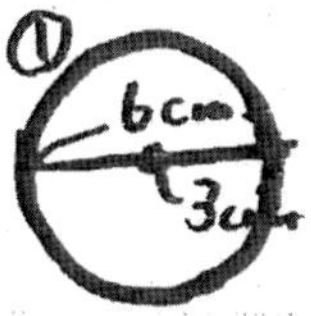

円周［　　　　］

円の面積［　　　　］

②

円周［　　　　］

円の面積［　　　　］

2. 次の円の直径を出しましょう。

円周25.12cm

式（　　　　　　）

答え（　　　　　）

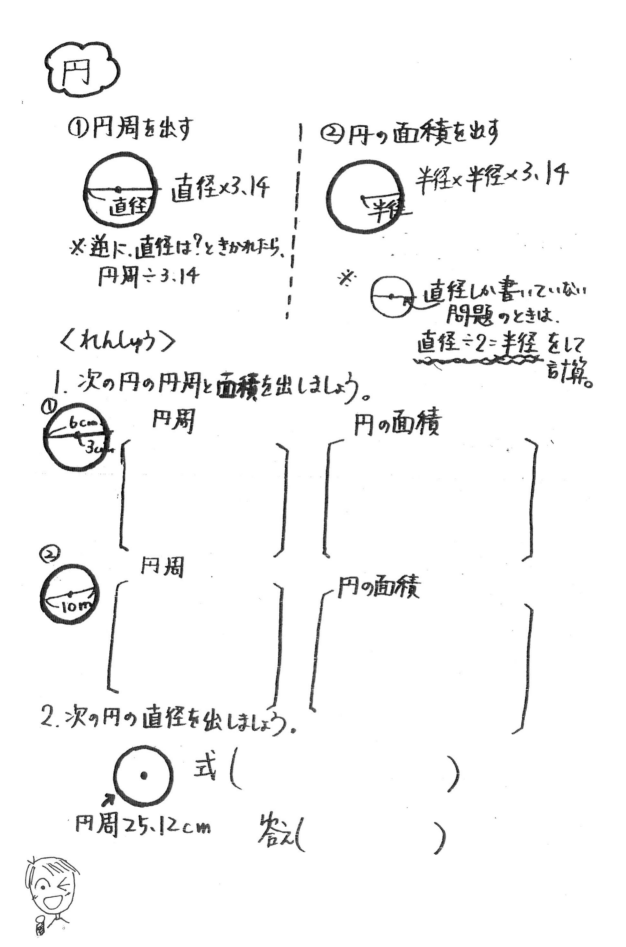

速さ

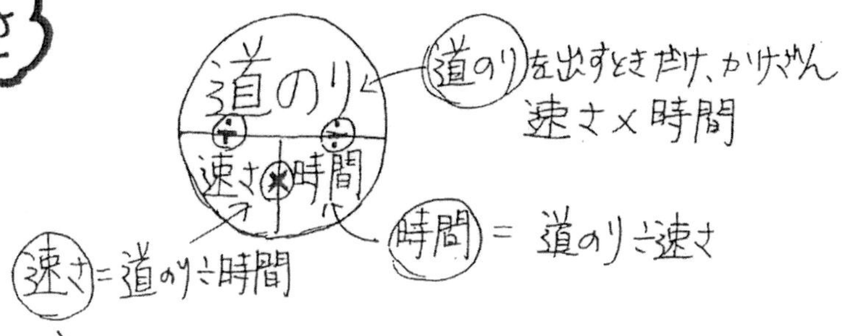
道のり
速さ × 時間
道のりを出すときだけ、かけざん
速さ×時間
時間 ＝ 道のり÷速さ
速さ＝道のり÷時間

（れんしゅう①）

① 12kmの道のりを時速4kmで歩いたら、何時間かかる？

式（　　　　　　　　）答え（　　　　）

② 2400mを6分で走った。分速何mの速さだったかな？

式（　　　　　　　　）答え（　　　　）

③ 自転車で時速20kmのスピードで8時間走り続けたら、何km進める？

式（　　　　　　　　）答え（　　　　）

④ 川崎まで6kmあるが、今から30分後に着きたい。分速何mで走れば着ける？

※ポイント．6kmをmに直してから計算！　6km＝　　　m．

式（　　　　　　　　）答え（　　　　）

☆ 分速 —÷60→ 秒速（←×60）

1分間＝60秒だから
分速→秒速に直すときは÷60、
秒速→分速に直すときは×60 する

時速 —÷60→ 分速（←×60）

1時間は60分だから。
時速→分速に直すときは÷60、
分速→時速に直すときは×60する。

（れんしゅう②）

① 分速0.3km＝時速（　　　　）

② 分速0.3km（300m）＝秒速（　　　　）

③ 分速400m＝時速（　　　　）m＝時速（　　　　）km

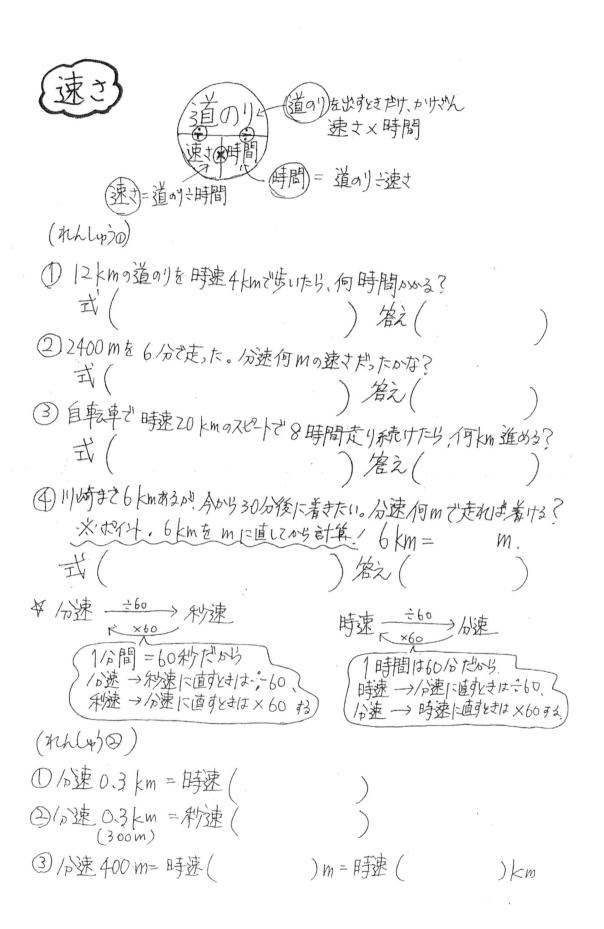

割合

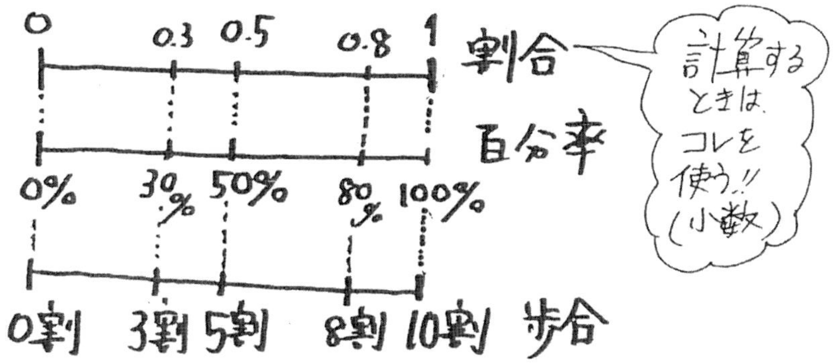

・400人の30%は？ → $400 \times 0.3 = 120$（人）

・5000円の2割は？ → $5000 \times 0.2 = 1000$（円）

・5000円の2割引は？

〃 8割ってことだから → $5000 \times 0.8 = 4000$（円）

★割合を出すには…部分÷全体

・200人中 出席は160人。出席率は何%？

→ $\frac{160人}{200人中}$… → $160 \div 200 = 0.8$

A. 80%

・3000円もらって900円使った。何割使った？

→ $\frac{900円}{3000円中}$ → $900 \div 3000 = 0.3$

A. 30%

<れんしゅう>

① 700円の3割は？式（　　　　　　）A. ＿＿＿＿

② 9000円の20%引きは？式（　　　　　　）

A. ＿＿＿＿

③ 850人中、欠席は10%。欠席何人？式（　　　　　　）

A. ＿＿＿＿

④ 960人中、女子は240人。女子の割合は何%？

式（　　　　　　）A. ＿＿＿＿

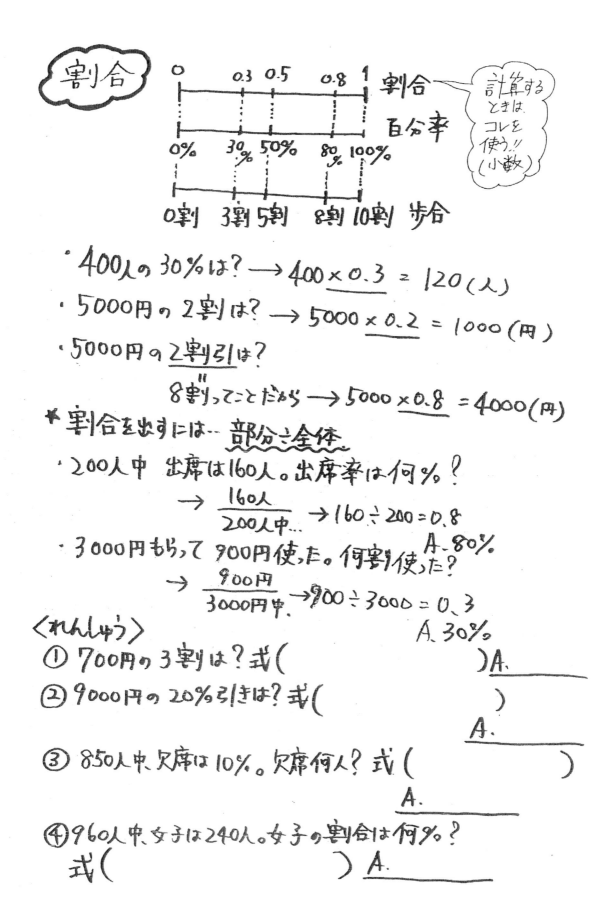

比例と反比例

比例

2倍　3倍

x	1	2	3	4	5	…
y	30	60	90	120	150	…

2倍　3倍

式は y=□×x

xが2倍、3倍になると
yも2倍、3倍となる

グラフにすると…

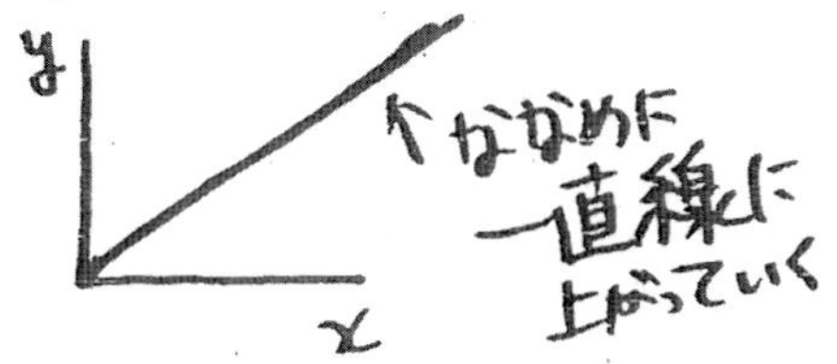
y
x
↑ななめに
直線に
上がっていく

反比例

2倍　3倍

x	1	2	3	4		…
y	120	60	40	30		…

$\frac{1}{2}$　$\frac{1}{3}$

式は y=□÷x

xが2倍、3倍になると、
yは$\frac{1}{2}$、$\frac{1}{3}$となる

グラフにすると…

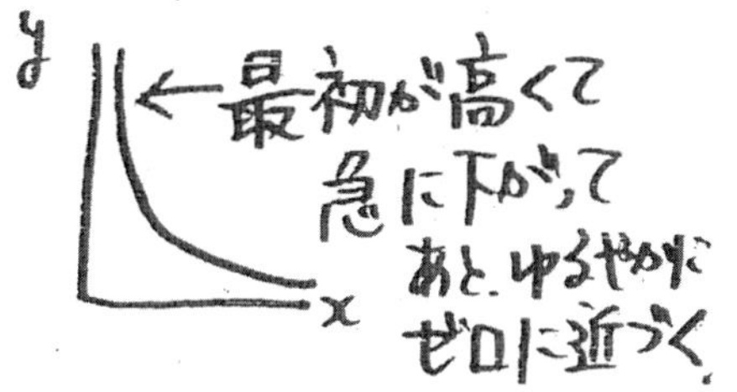
y
x
←最初が高くて
急に下がって
あと、ゆるやかに
ゼロに近づく。

〈れんしゅう〉

1. 2400円をx人で分けたときの1人分の金額y円

x人	1					…
y円	2400					…

↑表をうめましょう。

＊これは比例？反比例？（　　　）

＊xとyの式は？
（　　　　　　　　　）

2. 1こ20円のガムをx個買ったときの合計額y円

x個	1					…
y円	20					…

↑表をうめましょう。

＊xとyの式は？
（　　　　　　　　　）

＊これは比例？反比例？（　　　）

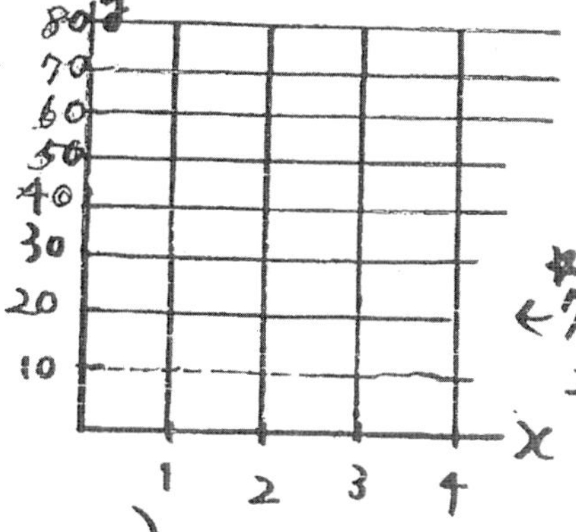
y
80
70
60
50
40
30
20
10
x
1
2
3
4

←＊グラフを書きましょう。

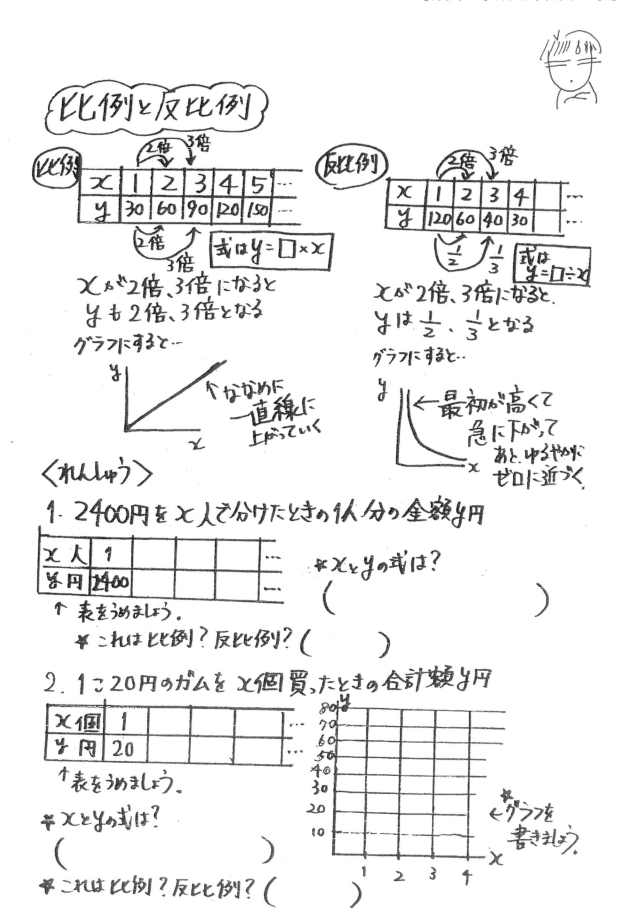

比

1. 比の値《あたい》を出す。

例. $2:5 \rightarrow 2 \div 5 \rightarrow \frac{2}{5}$

（そのまま わりざんしちゃえー）

ポイント

$5:25 \rightarrow \frac{5}{25} \rightarrow$ （ちゃんと約分してネ） $\rightarrow \frac{\not{5}\ 1}{\not{25}\ 5}$

2. 比をかんたんにする。

ポイント1 約分といっしょ!

$14:21 \rightarrow 14 \div ⑦ : 21 \div ⑦ \rightarrow 2:3$

なるべく大きい数（最大公約数）

ポイント2 なるべく小さくする

$18:36 \rightarrow 18 \div ② : 36 \div ⑨ \rightarrow 2:4 \ (\div ②\ \div ②) \rightarrow 1:2$

（まだわれたら、わる!!）

ポイント3 小数だったら…整数に!

$1.5:6 \rightarrow 1.5 \times 10 : 6 \times 10 \rightarrow 15:60$

つづき… $\rightarrow 15 \div 15 : 60 \div 15 \rightarrow 1:4$

ポイント4 分数でも…整数に!

$\frac{1}{5}:\frac{1}{7} \rightarrow$ 通分 $\frac{1\times7}{5\times7}:\frac{1\times5}{7\times5} \rightarrow \frac{7}{35}:\frac{5}{35} \rightarrow \frac{7}{\not{35}}:\frac{5}{\not{35}}$

3. xを出す.

$2:5 = x:15$ （×3）

（同じ数をかけるから…） $\rightarrow x = 2 \times 3 = 6$

ポイント. わりざんのときもあるよ。

$4:x = 28:49$ （÷7） $\rightarrow x = 49 \div 7 = 7$

1. 比の値を出しなさい。

① $1:4 \rightarrow$

② $3:9 \rightarrow$

2. 比をかんたんにしなさい。

① $12:18=$

② $49:35=$

③ $1.8:7.2=$

④ $\frac{1}{4}:\frac{1}{3}=$

3. x を出しなさい。

① $6:x=54:63$

② $3:5=60:x$

③ $x:9=42:189$

④ $0.8:2=40:x$

単位①

キロ(k)は**1000**大きい。 ミリ(m)は**1000**小さい。

ゼロ3こ　　ゼロ3こ

長さ	$1km = 1000m$	$1m = 1000mm$
重さ	$1kg = 1000g$	$1g = 1000mg$
かさ	$1kL = 1000L$	$1L = 1000mL$

〈練習 1〉

① 2km=　　　m　　④ 5m=　　　mm

② 3kg=　　　g　　⑤ 6g=　　　mg

③ 40kg=　　　g　　⑥ 70L=　　　mL

〈練習 2〉

① 6000mg=　　　g　　④ 5000m=　　　km

② 8000mL=　　　L　　⑤ 40000m=　　　km

③ 90000mL=　　　L　　⑥ 12000g=　　　kg

⑦ 1200g=　　　kg

単位②

長さ

手を広げた長さが だいたい1m

↓

それを100に分けた1つが
⇒ 1cm （センチ）

それをさらに10に分けた1つが
⇒ 1mm （ミリメートル）

1m = 100cm

1cm = 10mm

（1m = 1000mm）

〈練習〉

① 4m =　　　cm

② 30m =　　　cm

③ 6cm =　　　mm

④ 70mm =　　　cm

⑤ 800mm =　　　cm

かさ

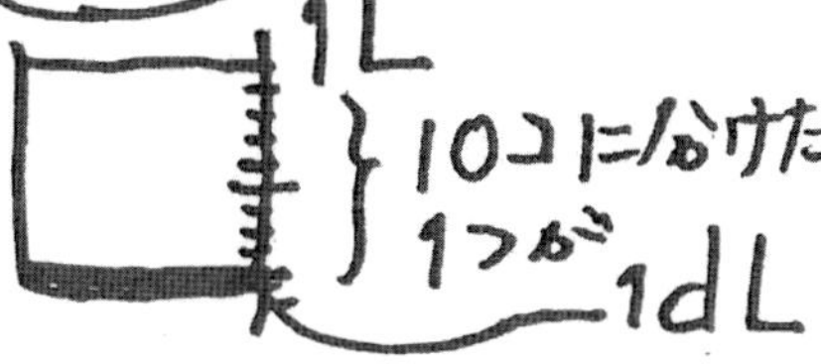

1L = 10dL
デシリットル

1L = 1000mL
ミリリットルだから〜

1dL = 100mL

〈練習〉

① 3L =　　　dL

② 3L =　　　mL

③ 60dL =　　　L

④ 500dL =　　　L

⑤ 2dL =　　　mL

⑥ 70dL =　　　mL
=　　　L

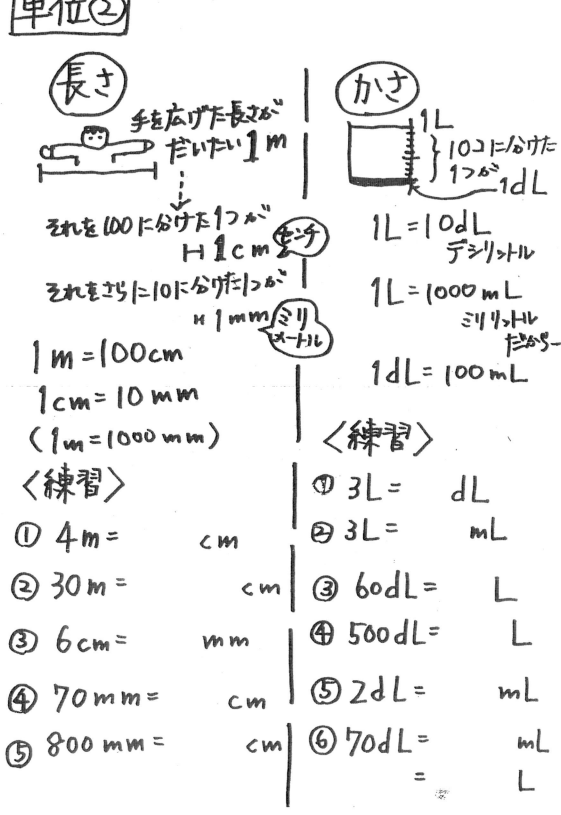

いろいろな単位 ポイント

1. ミリ と キロ は（　　　）ちがい ＜ゼロ◯こちがい＞
m　k

	1000倍	100倍	10倍	1	$\frac{1}{10}$	$\frac{1}{100}$	$\frac{1}{1000}$
〈長さ〉	1 km			1 m		◯	1 mm
〈重さ〉	1			1 g			1
〈かさ〉	1			1 L	◯		1

1000倍　1000倍

＊◯の所だけ、特別に単位が入ります。

1m＝100（　　）＝1000mm
1L＝10（　　）＝1000mL

＊ちなみに
1t《トン》と1kgも
（　　）ちがい。

2. ヘーホー、アール、ヘクタは（　　）ちがい　～面の世界その①～
(km^2)(m^2)　(a)　(ha)　(ゼロ◯こちがい)

$1a=100m^2$
$1ha=100a=10000m^2$
$1km^2=100ha$

1	1	1 a《アール》	1

100倍　100倍　100倍

3. 面の世界その②

1m² と 1cm² はどれくらいの差？

1m＝100cmだから…

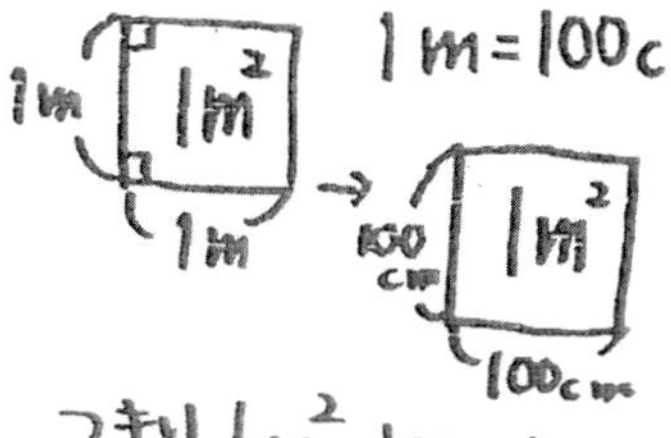

つまり $1m^2=100\times100\ cm^2$＝（　　　）cm^2

ゼロ◯こちがい！

4. 3D《スリーディー》（立体）の世界

1m³ と 1cm³ はどれくらいの差？

1m＝100cmだから…

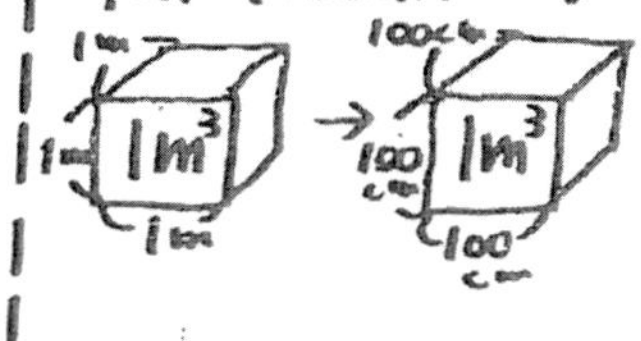

つまり
$1m^3=100\,cm\times100\,cm\times100\,cm$
＝（　　　）cm^3

ゼロ◯こちがい！

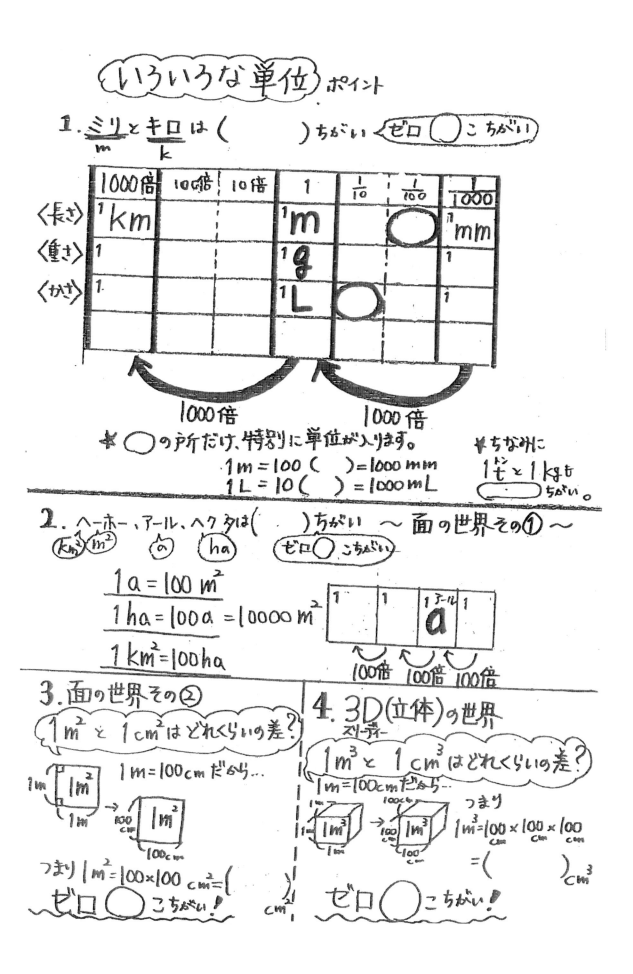

☆こくご☆

～漢字《かんじ》の巻《まき》～

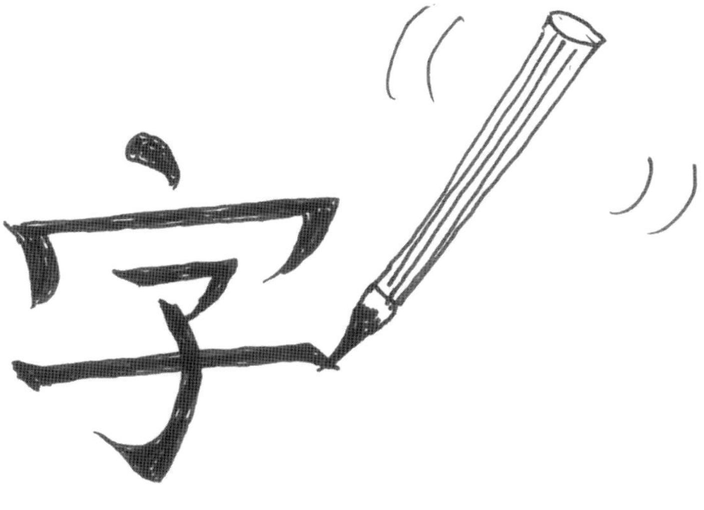

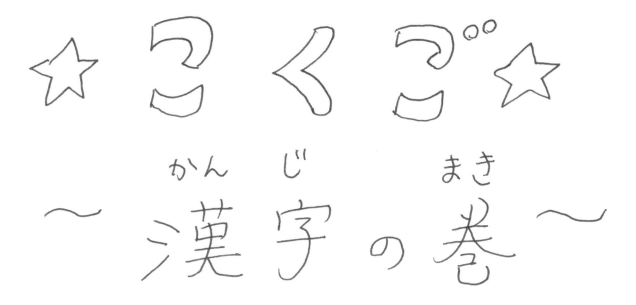

ザ☆漢チャレ・きほんのまき

／　名前（　　　　　　　　）

NO.（1）

◎今日のかん字♪

まぎらわしいシリーズ①

休《やす》む　体《たい》

一のぼうが、入るか入らないか！

午《ご》前《ぜん》　牛《うし》

上にとびでるか、でないか!!

〜れんしゅうタイム◯分間（自由に書いて、おぼえよう）〜

ここを折《す》って、テストしよう!!

テスト

(1) うし

(2) ごぜん

(3) たいいく

育

(4) やすむ

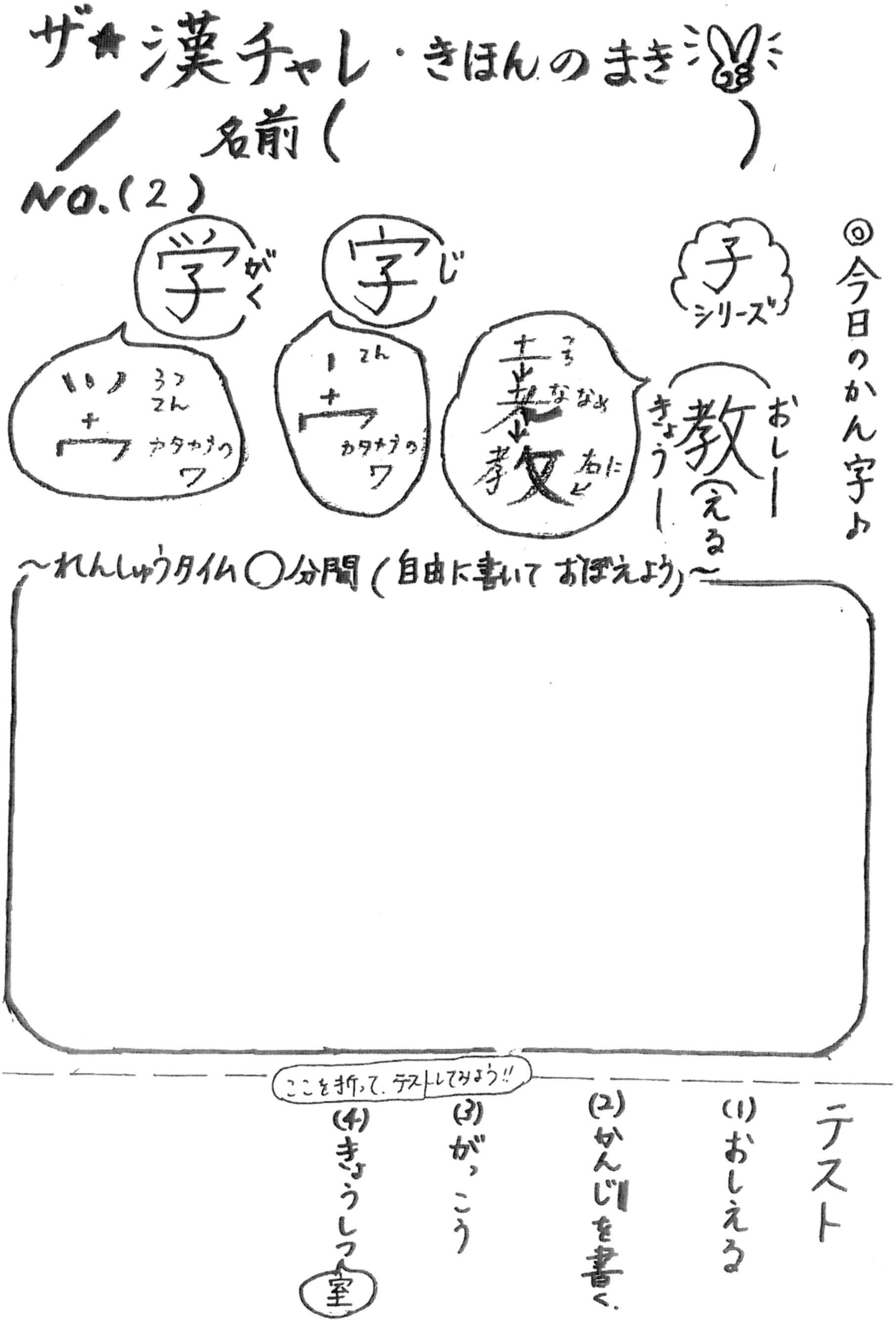
ザ★漢チャレ・きほんのまき
／ 名前（　　　）
NO.（2）
学 がく
字 じ
子 シリーズ
◎今日のかん字♪
3つてん
てん
カタカナのワ
てん
カタカナのワ
ななめ
右に
きょうし
おしー
教える
〜れんしゅうタイム○分間（自由に書いておぼえよう）〜
ここを折って、テストしてみよう!!
テスト
(1) おしえる
(2) かんじを書く。
(3) がっこう
(4) きょうしつ
室

ザ★漢チャレ・きほんのまき

名前（　　　　　　　　）

NO.（３）

◎今日のかん字

女《おんな》シリーズ

姉《あね》　妹《いもうと》　数《すう》《かず》

右に 亠《なべ》 巾《かこって まんなか たて。》

右に 末《二と木》

上に 米
右に 攵

いろいろくっつくよ!!

ホエ〜 なるほど。

〜れんしゅうタイム◯分間（自由に書いて、おぼえよう）〜

ここを折《お》ってテストしよう!!

テスト

(1) いもうと

(2) あね

(3) かず

(4) すうじ

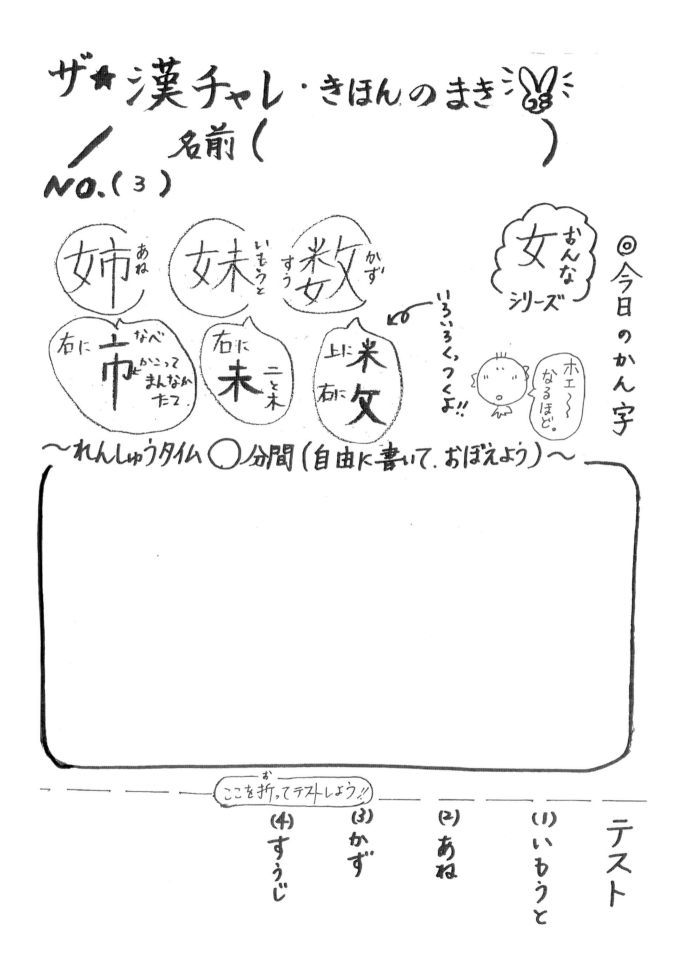

ザ★漢チャレ・きほんのまき

／　名前（　　　　　　　　　）

NO.（4）

◎今日のかん字

（しん）新《あたら》しい

（しん）親《おや》

右に斤　ちょん①　はらう②　よこ③　たて④

右に見《み》る

「亲」立《た》つ＋木《き》シリーズ

～れんしゅうタイム○分間（自由に書いて、おぼえよう！）～

ここを折《お》ってテストしてみよう!!

テスト

(1) おや

(2) あたらしい

(3) しんゆう　友

(4) しんぶん　聞

ザ★漢チャレ・きほんのまき

NO.（5）　名前（　　　　　　　）

◎今日のかん字♪

月《つき》シリーズ

朝《ちょう》《あさ》

左に 十《じゅう》＋日《にち》＋十《じゅう》

明《めい》《あか》るい

左に日《にち》

★ついでに…オマケ!!

前《まえ》　晴《は》れ　青《あお》 ← この「月」は

れんしゅうタイム ◯分間〜　（自由に書いて、おぼえよう！）

ここを折《お》って、テストしてみよう。

テスト

(1) あさ

(2) あかるい

(3) ちょうかい（会）

(4) せつめい

(5) はれ　晴□れ

(6) まえ　□刂

ザ★漢チャレ・きほんのまき

／　名前（　　　　　　　　　　）

NO.（6）

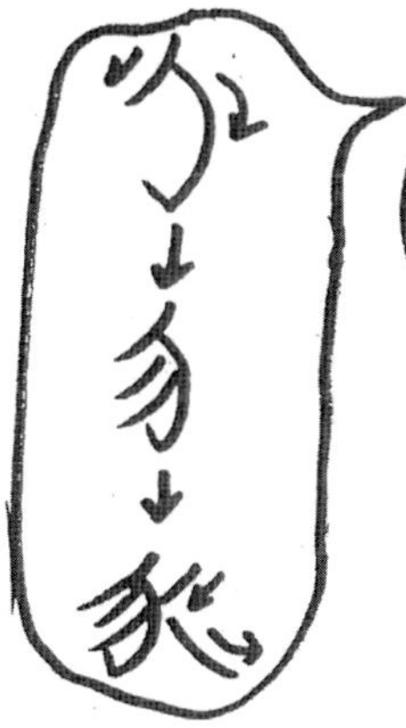

家《か》《いえ》　室《しつ》

ム《む》
十
土《つち》

宀
うかんむり
シリーズ

宀の下が、むずかしい!!

◎今日のかん字♪

〜れんしゅうタイム◯分間（自由に書いて、おぼえよう）〜

ここを折《ず》って、テストしてみよう!!

テスト

（1）いえ

（2）りかしつ

（3）かぞく

（4）しつない　内

ザ★漢チャレ・きほんのまき

/ 名前（　　　　　　　　）

NO.（7）

◎今日のかん字♪

虫《むし》シリーズ

左は弓 ゆみ
＋
右はム
＋
虫

強《きょう》《つよ》い

まかりに
はらう　はねる
かこいをななめに！
＋
ノ　ちょん
虫　むし

風《ふう》《かぜ》

あ
そうか〜

〜れんしゅうタイム〇分間（自由に書いて、おぼえよう〜

ここを折って、テストしてみよう!!

テスト

(1) かぜ

(2) つよい

(3) たい（合）ふう

(4) きょうふう

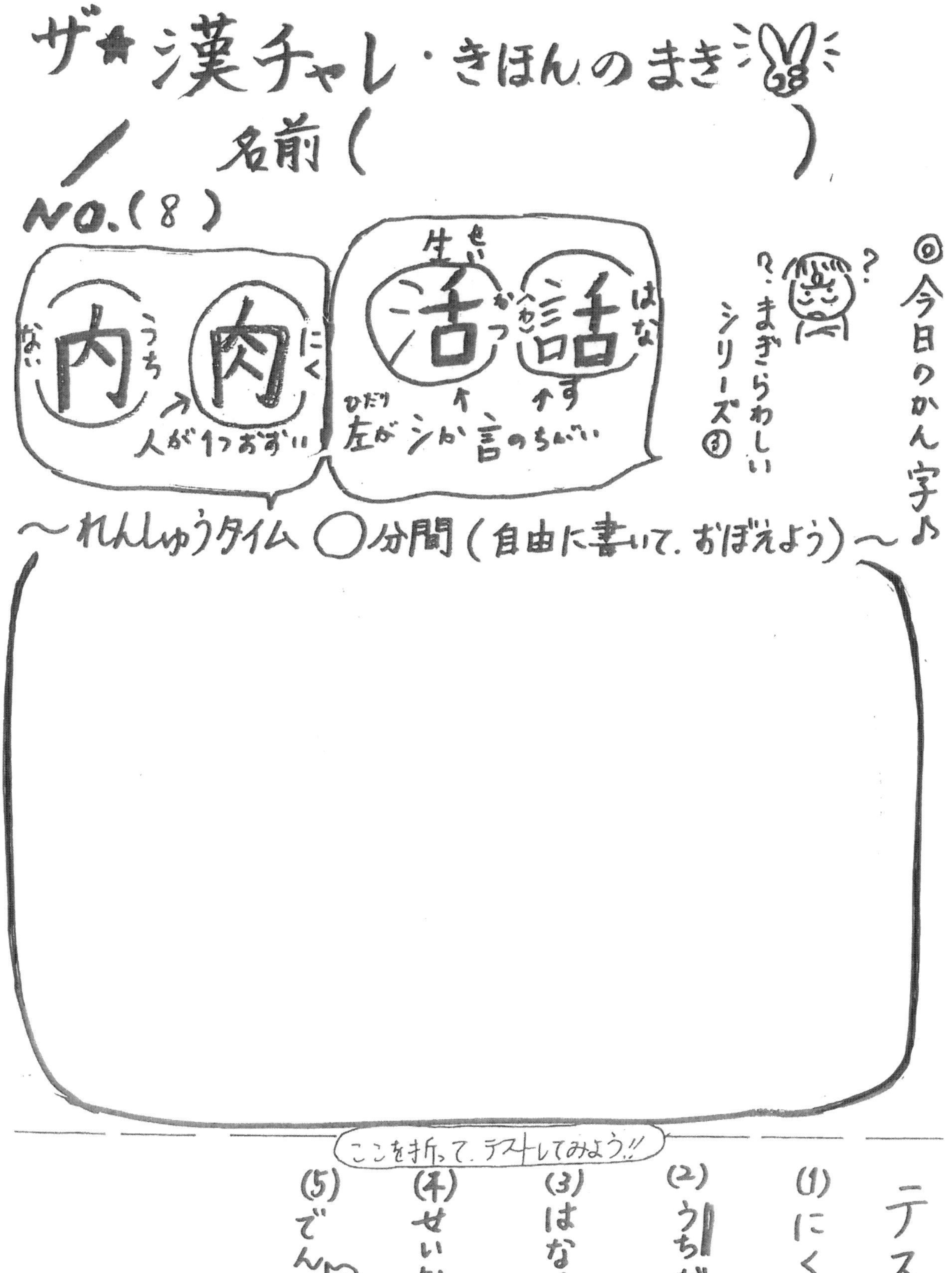
ザ★漢チャレ・きほんのまき
名前（　　　）
NO.（8）
◎今日のかん字♪
？まぎらわしいシリーズ③
ない 内 うち
肉 にく
人が1つおおい
生 せい 活 かつ
わ 話 はな す
左《ひだり》が氵か言のちがい
〜れんしゅうタイム○分間（自由に書いて、おぼえよう）〜
ここを折って、テストしてみよう!!
テスト
(1) にく
(2) うちがわ
(3) はなす
(4) せいかつ
(5) でんわ 電

ザ★漢チャレ・きほんのまき

／　名前（　　　　　　　　）

NO.（9）

◎今日のかん字♪

まぎらわしいシリーズ②

元《げん》 兄《あに》

元気《き》に

大
上が

二《に》か
口《くち》

数《かず》（すう）

米《こめ》＋女《おんな》

教《おし》（える）（きょう）

土《つち》＋ノ《ななめ》＋子《こ》

～れんしゅうタイム○分間（自由に書いて、おぼえよう！）～

ここを折って、テストしてみよう！！

テスト

(1) おしえる

(2) かぞえる

(3) あに

(4) げんき

(5) さん（算）すう

(6) きょうか（科）しょ（書）

ザ★漢チャレ・きほんのまき

/ 名前（　　　　　　　　　）

NO.（10）

◎今日のかん字♪

弓《ゆみ》シリーズ

まず、かきじゅんをおぼえよう!!

弓 ①②③

弓《ゆみ》 1. 2. 3.

強《きょう》《つよ》い

弱《じゃく》《よわ》い

弟《おとうと》

右《みぎ》に厶＋虫

弓に冫ちょんちょんを2つ

ちょんちょん　たて　スーッはらう。

〜れんしゅうタイム◯分間（自由に書いて、おぼえよう!）〜

ここを折《お》って、テストしてみよう!!

テスト

(1) つよい

(2) よわい

(3) ゆみ

(4) おとうと

(5) べんきょう

(6) きょうじゃく

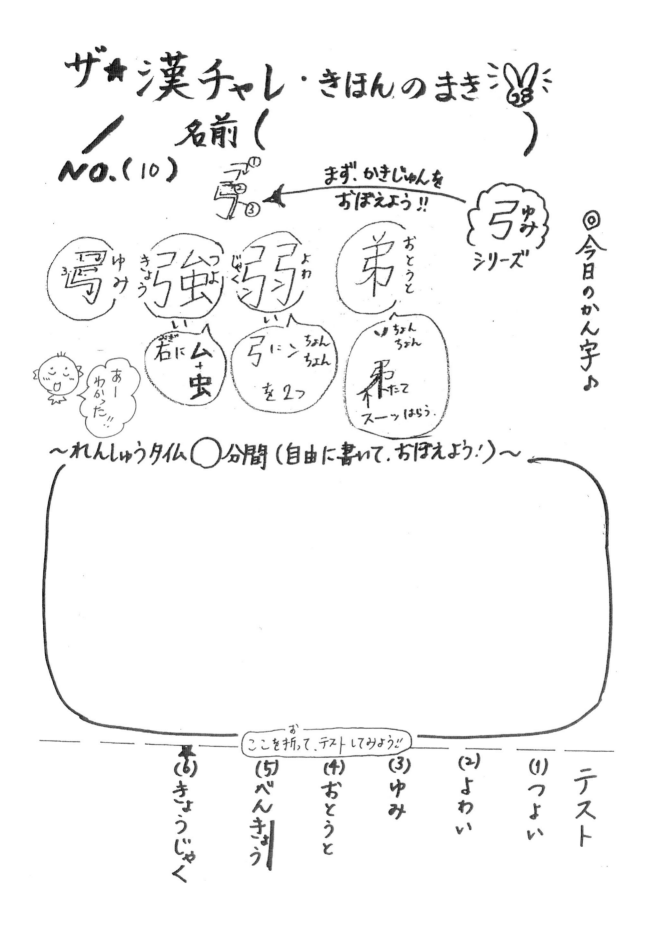

ザ☆漢チャレ・きほんのまき

名前（　　　　　　　）

NO.（11）

◎今日のかん字♪

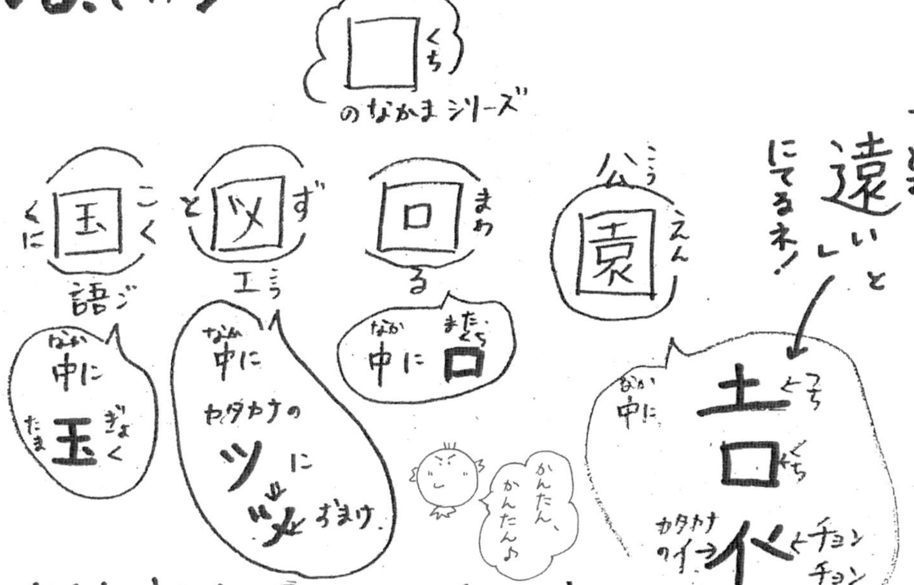

口《くち》
のなかまシリーズ
くに 国 こく 語ゴ
と 図 ず エコウ
回 まわる
公 こう 園 えん
中《なか》に 玉《たま》 ぎょく
中《なか》に カタカナの ツ に おまけ
中《なか》に また口《くち》
かんたん、かんたん♪
「遠《とお》い」とにてるネ！
中《なか》に 土《つち》 口《くち》 カタカナのイ チョンチョン

〜れんしゅうタイム〇分間（自由に書いて、おぼえよう）〜

ここを折《お》って、テストしよう!!

テスト

(1) こうえん

(2) まわる

(3) ずこう

(4) こくご

(5) どうぶつえん

(6) としょ（書）

(7) がいこく（外）

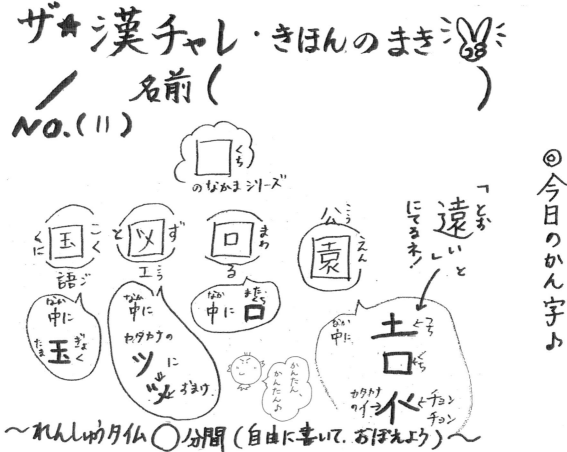

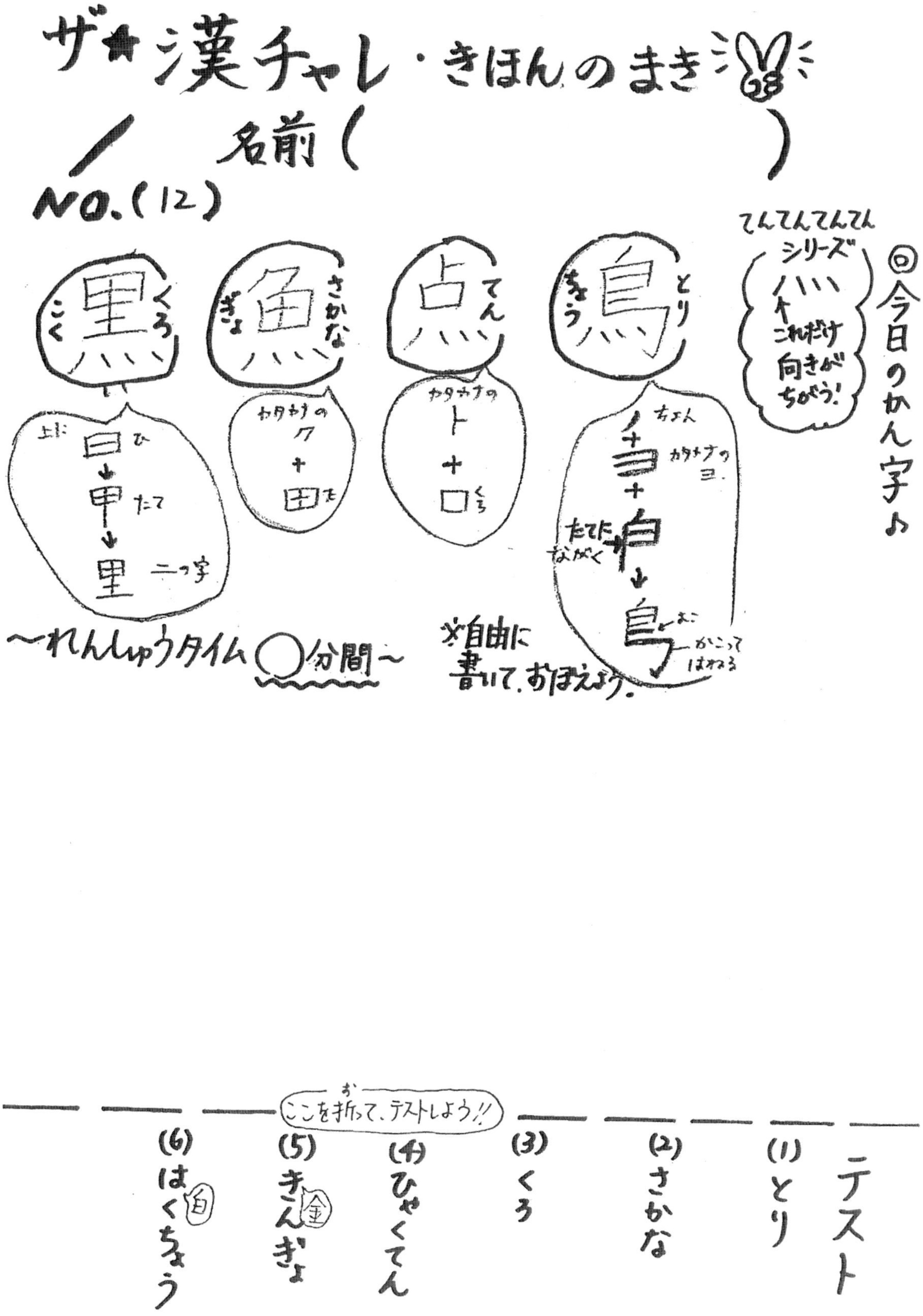
ザ★漢チャレ・きほんのまき
名前（　　　　）
NO.（12）
黒 くろ こく
魚 さかな ぎょ
点 てん
鳥 とり ちょう
てんてんてんてんシリーズ 灬 ↑これだけ向きがちがう！
◎今日のかん字♪
上に 日 ひ ↓ 甲 たて ↓ 里 二つ字
カタカナの ク ＋ 田 た
カタカナの ト ＋ 口 くち
ちょん ＋ カタカナのヨ ＋ たてにながく 白 ↓ 鳥 よこ かこって はねる
〜れんしゅうタイム○分間〜
※自由に書いて、おぼえよう。
ここを折《お》って、テストしよう!!
テスト
(1) とり
(2) さかな
(3) くろ
(4) ひゃくてん
(5) きんぎょ 金
(6) はくちょう 白

ザ☆漢チャレ・きほんのまき

／　名前（　　　　　　　　）

NO.（13）

◎今日のかん字♪

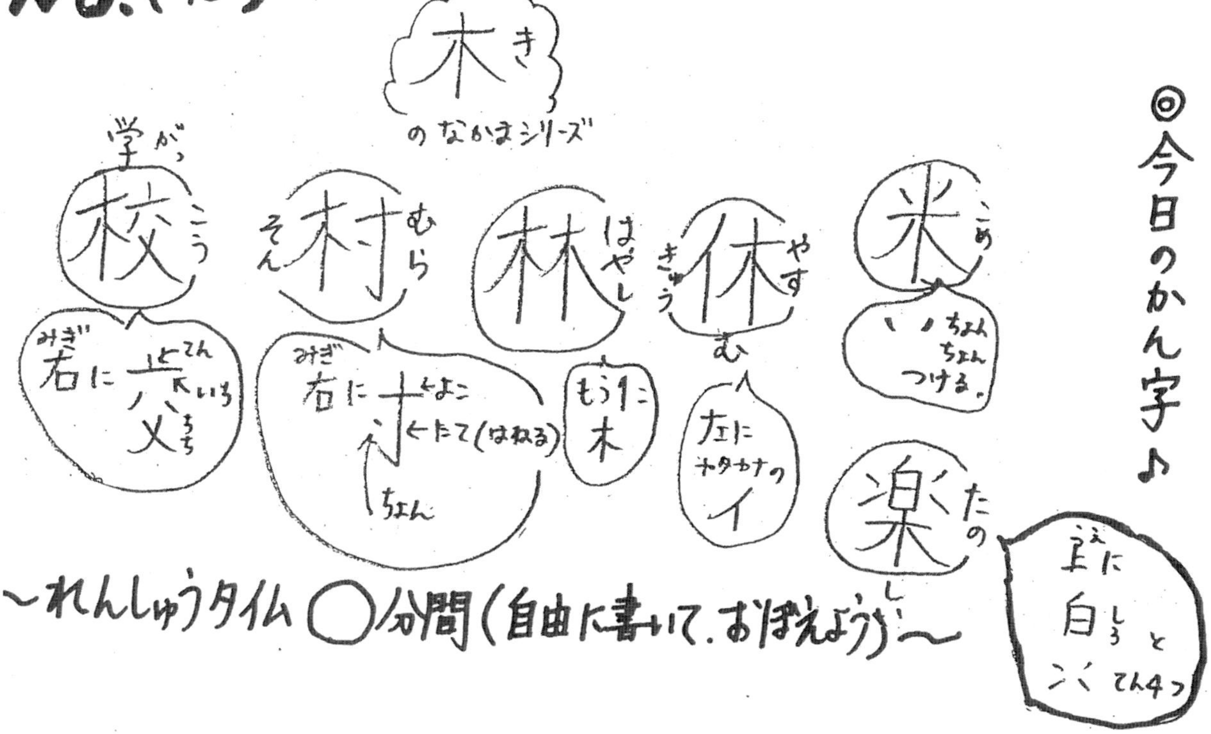

木 き
のなかまシリーズ
学がっ 校 こう
右に 亠 てん いち 父 ちち
そん 村 むら
右に 十 よこ たて（はねる） ちょん
林 はやし
もう1こ 木
きゅう 休 やすむ
左にカタカナのイ
米 こめ
ちょんちょんつける。
楽 たの し
上に 白 しろ と てん4つ

〜れんしゅうタイム◯分間（自由に書いて、おぼえようね!〜

ここを折《お》って、テストしよう!!

テスト

(1) やすむ

(2) はやし

(3) むら

(4) がっこう

(5) こめ

(6) きゅうじつ（日）

(7) そんちょう（長）

ザ★漢チャレ・きほんのまき

/　名前（　　　　　　　　）

NO.（14）

目《め》のなかまシリーズ

◎今日のかん字♪

ばい 買《か》う

上《うえ》に 罒
下《した》に 八

しゅ 首《くび》

上《うえ》に
丷 ちょんちょん
一 よこ
ノ ちょん

夏《なつ》

上うえに
一 よこ
ノ ちょん、
下《した》に
ク カタカナのク
↓
夂 ← ぎゃくにはらう

ちょく 直《なお》す

上《うえ》に 十
下《した》に L
かぎかっこ

計《け》
算《さん》

上に 竹《たけ》
十
下に 廾

〜れんしゅうタイム〜
○分間

＊自由に書いて、おぼえよう!!

ここを折《お》ってテストしよう!!

テスト

(1) なおす
(2) さんすう（算）
(3) くび
(4) かいもの
(5) なつ
(6) にっちょく（日）

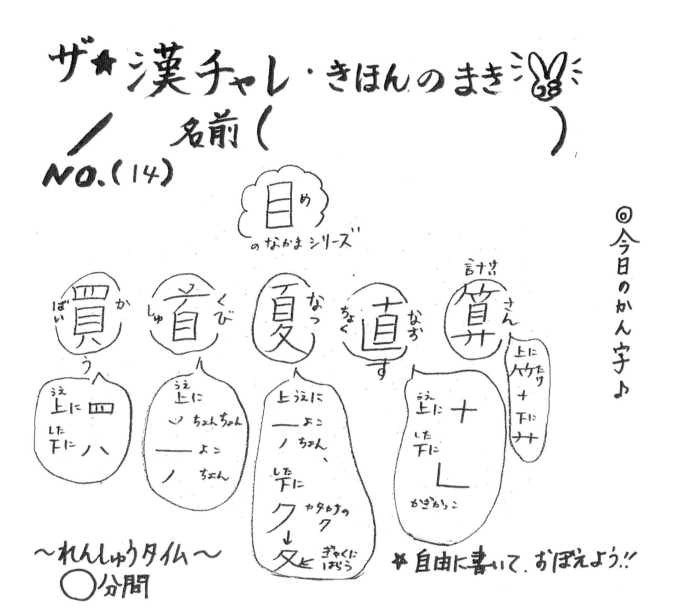

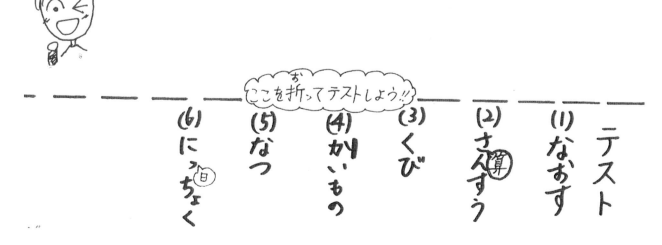

ザ☆漢チャレ・きほんのまき

／　名前（　　　　　　　　）

NO.（15）

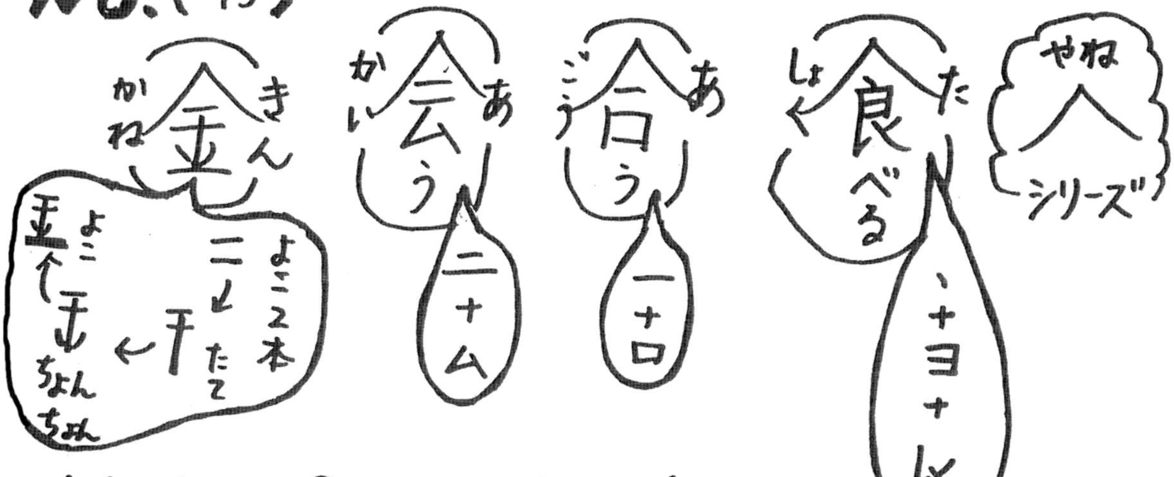

◎今日のかん字

～れんしゅうタイム◯分間～（自由に書いておぼえよう）

ここを折《お》って、テストしよう!!

テスト

(1) たべる

(2) こたえがあう

(3) 人とあう

(4) きんようび

(5) きゅうしょく

(6) ちょうがい 朝

漢字マスター① レベルX

名前（　　　　　　　　　　）

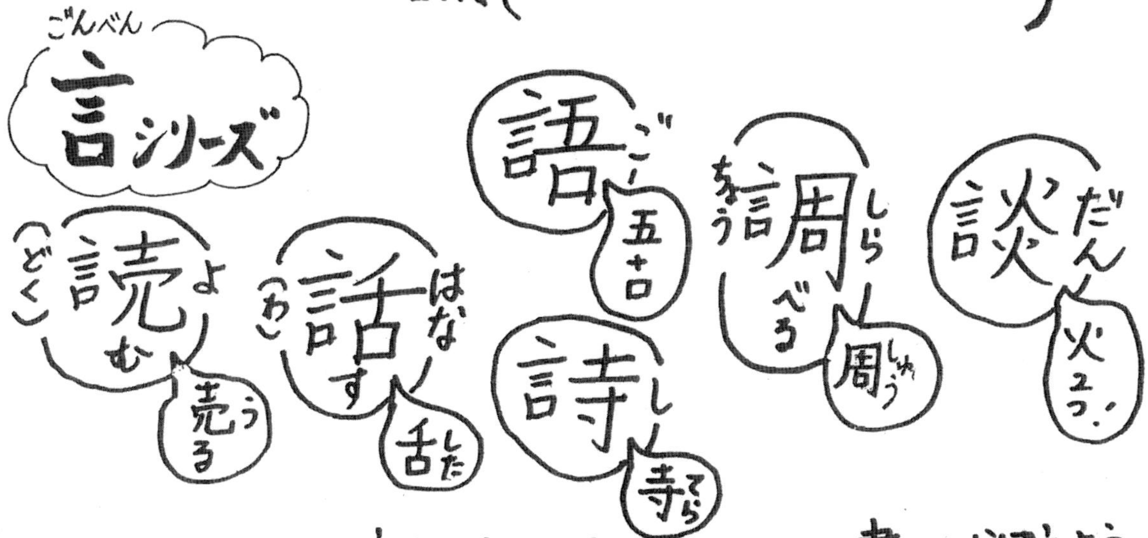

言《ごんべん》シリーズ
（どく）読 よむ
売 うる
（わ）話 はなす
舌 した
語 ご
五 口
詩 し
寺 てら
ちょう 調 しらべる
周 しゅう
談 だん
火

〜〜〜〜〜れんしゅうタイム10分間!! とにかく書いておぼえよう〜〜

ここを折って、テストしよう!!

テスト

(1) そうだん

(2) しをよむ

(3) しらべる

(4) はなす

(5) こくご

(6) おんどく

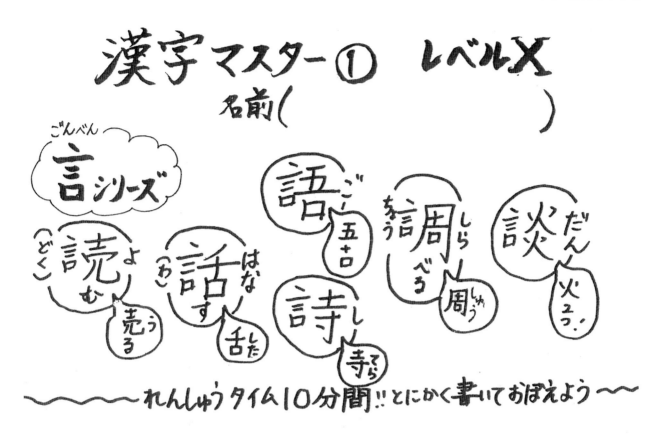

漢字マスター② レベルX

名前（　　　　　　　　　　）

木《きへん》シリーズ

板《ばん》《いた》（反）　柱《ちゅう》《はしら》（主）　相《あい》《そう》（目）　根《こん》《ね》（ヨナ⺅）　横《おう》《よこ》（廿一由八）　植《しょく》《う》える（直）

〜れんしゅうタイム10分間！とにかく書いて、おぼえよう〜

ここを折って、テストしよう!!

テスト

(1) はしらのよこ

(2) ねっこ

(3) うえる

(4) いた

(5) そうだん

(6) こくばん

漢字マスター③　レベルX

名前（　　　　　　）

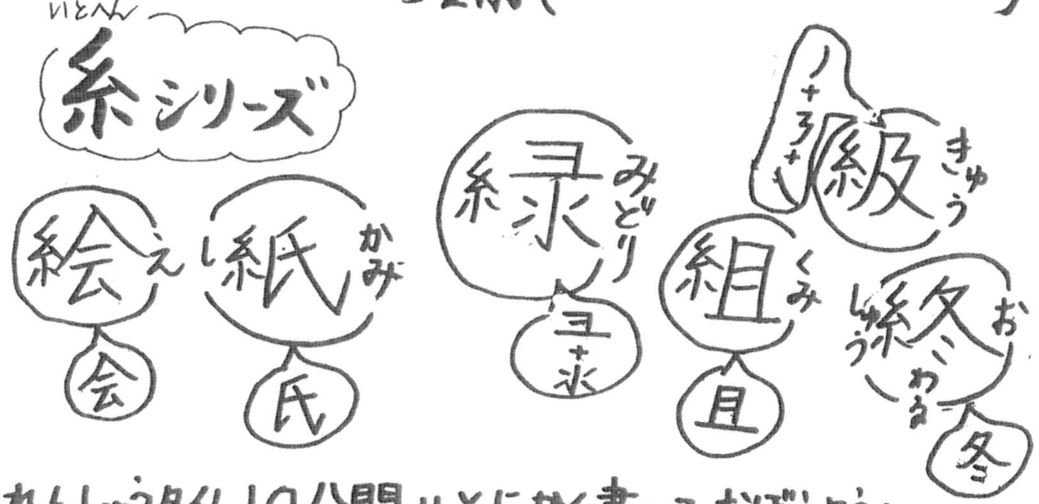

〜れんしゅうタイム10分間!! とにかく書いて、おぼえよう!〜

ここを折ってテストしよう!!

テスト

(1) がっきゅう

(2) みどり

(3) おわる

(4) かみひこうき

(5) 一ねん二くみ

(6) しんぶんし

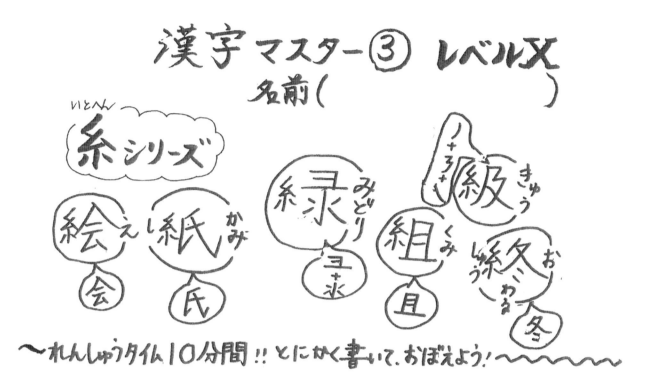

漢字マスター④　レベルX

名前（　　　　　　　　）

イ《にんべん》シリーズ

化《か》ける（ばける）

使《つか》う（し）　吏

係《かかり》　系

住《じゅう》　住《す》む　主

倍《ばい》　咅

仕《し》　仕事《しごと》

〜れんしゅうタイム10分間。とにかく書いて、おぼえよう〜〜〜

――ここを折って、テストしよう!!――

テスト

(1) しごと

(2) すむ

(3) かかり

(4) つかう

(5) ばける

(6) にばい

(7) じゅうしょ　所

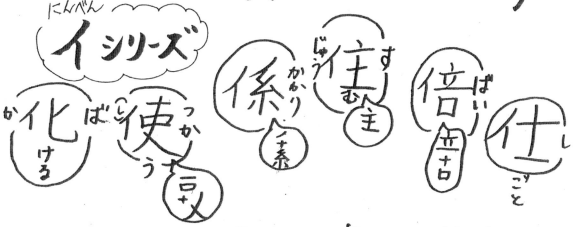

漢字マスター⑤　レベルX

名前（　　　　　　　　）

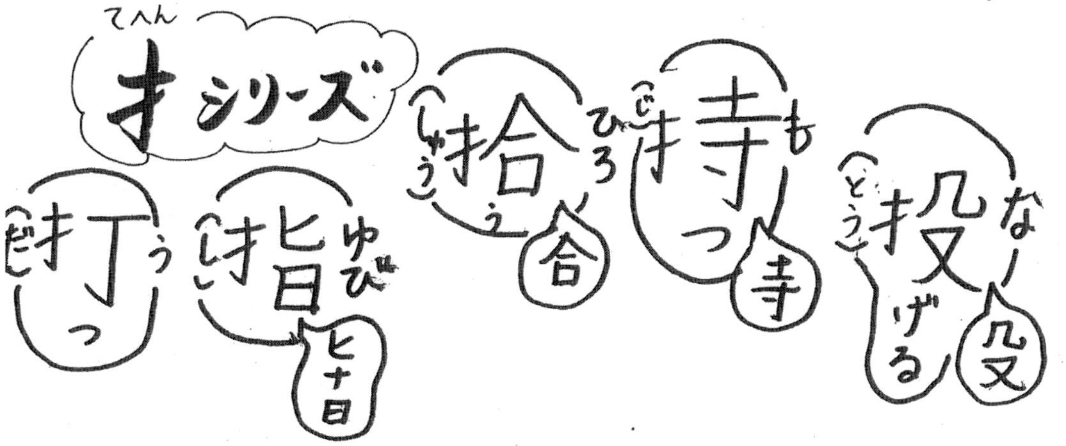

〜〜れんしゅうタイム10分間。とにかく書いて、おぼえよう〜〜〜〜〜

---- ここを折ってテストしよう!! ----

テスト

(1) なげる

(2) うつ

(3) ひろう

(4) ゆび

(5) もつ

(6) とうしゅ（手）

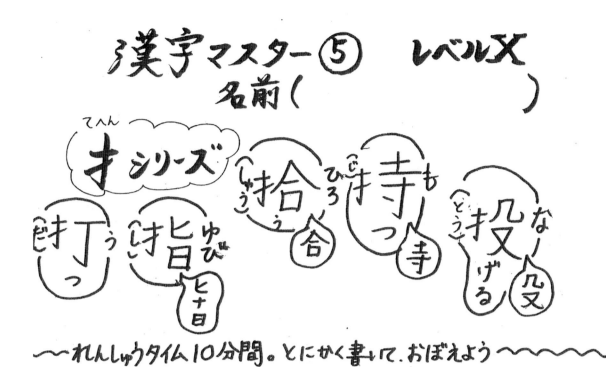

漢字マスター⑥　レベルX

名前（　　　　　　　　　　　）

辶《しんにょう》シリーズ

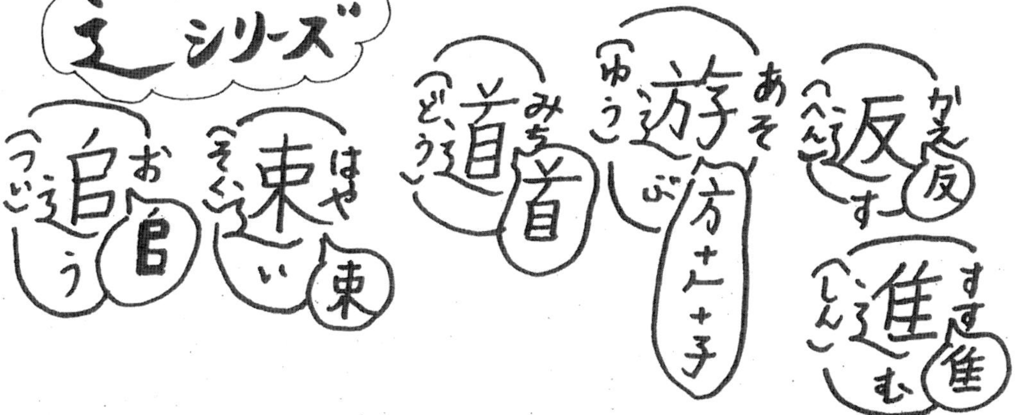

〜〜れんしゅうタイム**10**分間。とにかく書いて、おぼえよう!!〜〜

―――――ここで折って、テストしよう!!―――――

テスト

(1) みち

(2) 本をかえす

(3) すすむ

(4) 足がはやい

(5) おいかける。

(6) こうしんする　行

漢字マスター⑦　レベルX

名前（　　　　　　　　　　　　）

氵《さんずい》シリーズ

池　ち　いけ　（也）

注　ちゅう　そそ→ぐ

波　は　なみ　（一＋ノ＋｜＋又）

泳　えい　およぐ　（永）

海　かい　うみ

深　しん　ふかい　（穴＋ル＋木）

油　ゆ

湖　こ　みずうみ　（古＋月）

湯　とう　ゆ　（昜）

〜れんしゅうタイム10分間。とにかく書いて、おぼえよう!!〜〜〜〜

――――ここで折って、テストしよう!!――――

テスト

(1) およぐ。

(2) いけ

(3) ふかいうみ

(4) うみのなみ

(5) せきゆ

(6) みずうみ

(7) ゆをそそぐ。

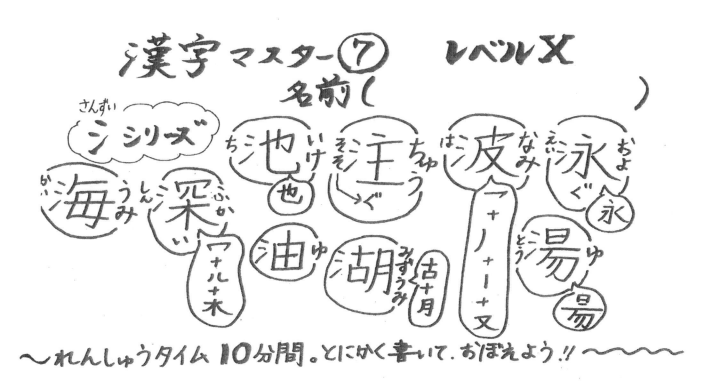

ザ☆漢チャレ♪（漢字チャレンジ）

名前（　　　　　　）／

①まず、今日チャレンジする漢字を３つ、きめる。

1（　　　　）2（　　　　）3（　　　　）

②④のテストのらんに、その漢字のよみを、ひらがなで書いておく。

③この３つの字を、ひたすら６分間、れんしゅう!!
（ちがう紙でもOK！）

ーー ここで折って、テストしてみよう ーー

④テスト

よみ方（　　　　）
1［　　　　］

よみ方（　　　　）
2［　　　　］

よみ方（　　　　）
3［　　　　］

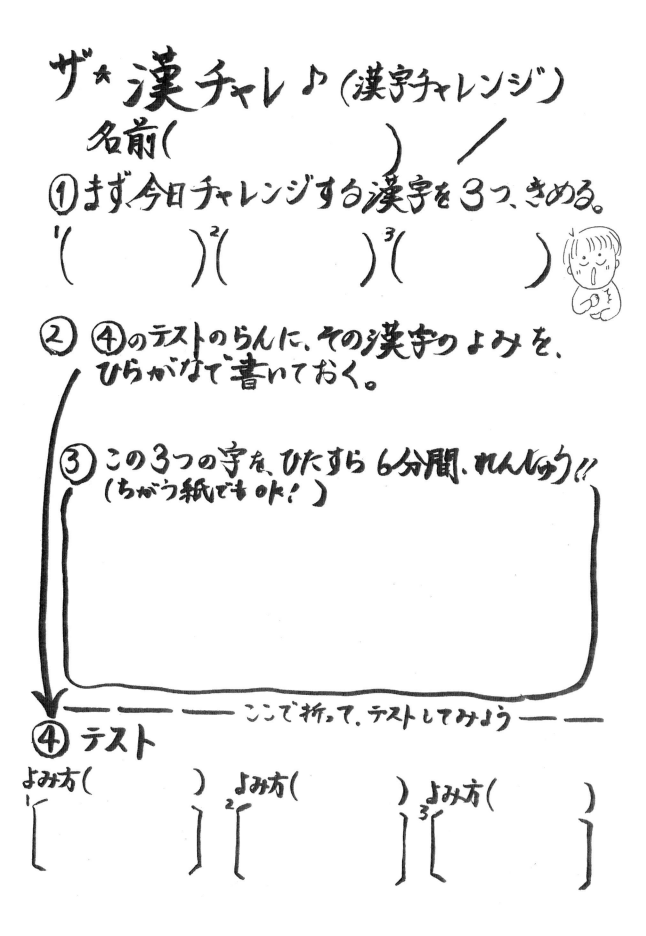

正《ただ》しいかん字《じ》、どっちだ!?クイズ（一年《ねん》バージョン）①

★正《ただ》しい方《ほう》に○をつけましょう。

名《な》まえ（　　　　　　　　）

①

｛火　花｝か びん

②

｛九　休｝きゅう かん鳥《ちょう》

③

工事《こうじ》｛中　虫｝ちゅう

④
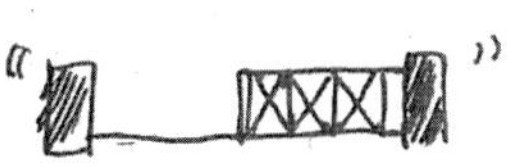
｛生　正｝せい 門《もん》

⑤

｛王　大｝おう さま

⑥

｛三　山｝さん 林《りん》

⑦

｛木　目｝もく よう日

⑧
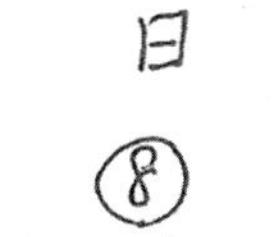
｛木　目｝もく ひょう

⑨

元《げん》｛木　気｝き

⑩

｛九　休｝きゅう 日《じつ》

⑪

朝《あさ》｛日　火｝ひ

⑫

｛先　千｝せん 頭《とう》

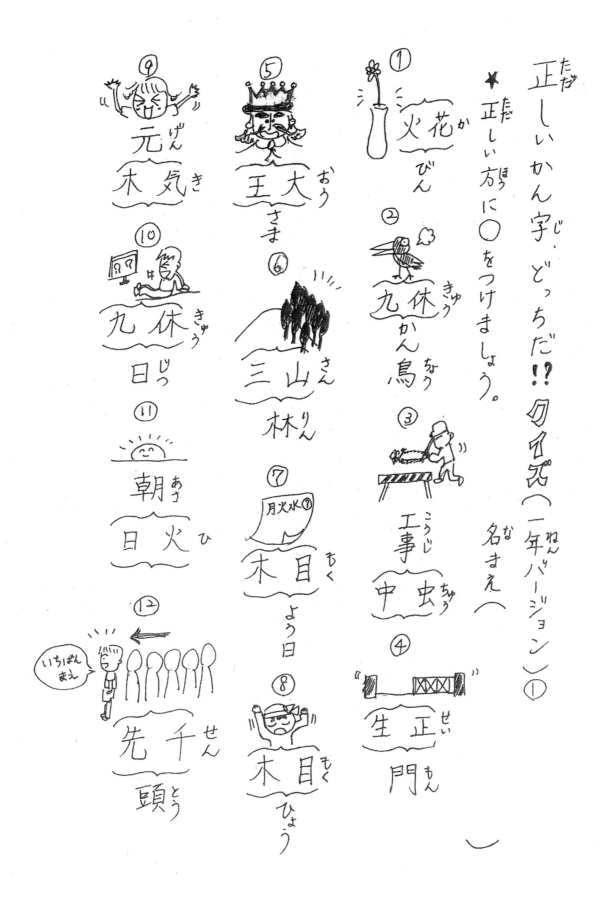

正《ただ》しいかん字《じ》、どっちだ!?クイズ(一年バージョン)②

★正《ただ》しい方《ほう》に○をつけましょう。

名《な》まえ(　　　　)

①

ろう｛下　火《か》｝

②

｛犬　見《けん》｝学《がく》

③

番《ばん》｛犬　見《けん》｝

④

こん｛虫　中《ちゅう》｝

⑤

左《さ》｛夕　右《ゆう》｝

⑥

｛夕　右《ゆう》｝方《がた》

⑦

きちんと｛立　田《た》｝つ

⑧

お｛正　小《しょう》｝月《がつ》

⑨

｛正　小《しょう》｝学《がく》生《せい》

⑩

｛生　正《せい》｝活《かつ》科《か》

⑪

｛生　青《せい》｝年

⑫

お｛赤　石《せき》｝飯《はん》

⑬

｛赤　石《せき》｝油《ゆ》

⑭
2+5=7
｛田　足《た》｝しざん

⑮

女《じょ》｛子　四《し》｝

2年生漢字《かんじ》・どっちだ？クイズ①

（　）月（　）日　　　　名前《なまえ》（　　　　　）

⓪（　）の中から正しい漢字《かんじ》をえらんで、正しく書《か》きましょう。

① 新聞《しんぶん》◯《し》、川崎《さき》◯《し》（紙、市）

② 発表《はっぴょう》◯《かい》、◯《かい》数《すう》（回、会）

③ ◯《かい》がら、◯《かい》水浴《よく》（海、貝）

④ ◯《じ》分《ぶん》、◯《じ》間《かん》（自、時）

⑤ ◯《か》学《がく》、◯《か》ぞく（家、科）

⑥ ◯《せん》頭《とう》、◯《せん》路《ろ》（先、線）

⑦ ◯《だい》所《どころ》、◯《だい》学生《がくせい》（大、台）

⑧ 乾電《かんでん》◯《ち》、遊園《ゆうえん》◯《ち》（池、地）

⑨ ◯《よう》日、◯《よ》意《い》（曜、用）

⑩ ◯《しん》幹線《かんせん》、◯《しん》友《ゆう》（親、新）

2年生漢字《かんじ》・どっちだ？ クイズ②

(　　)月(　　)日　　　　名前《まえ》(　　　　　　　　)

◎(　　)の中から、正しい漢字《かんじ》をえらんで、正しく書《か》きましょう。

① 本○《とう》、○《とう》京《きょう》　（東、当）

② 公《こう》○《えん》、○《えん》足《そく》　（遠、園）

③ ○《どう》時《じ》、歩《ほ》○《どう》　（同、道）

④ ○《ご》前中《ぜんちゅう》、食《しょく》○《ご》　（午、後）

⑤ 勉○《きょう》、○《きょう》室《しつ》　（教、強）

⑥ 会《かい》○《じょう》、屋《おく》○《じょう》　（場、上）

⑦ 外《がい》○《こく》、○《こく》板《ばん》　（黒、国）

⑧ 半《はん》○《ぶん》、作《さく》○《ぶん》　（文、分）

⑨ ○《せい》活《かつ》、火《か》○《せい》　（生、星）

⑩ ○《いち》場《ば》、○《いち》番《ばん》　（市、一）

2・3年生漢字・ど〜れだ？クイズ②

（　　）月（　　）日　　名前（　　　　　　　　　）

◎（　）の中から、正しい漢字をえらんで、○を書《か》きましょう。

①そうじじ間《かん》に、ろうかで転《ころ》んだ。
（字・自・時）（家・下・火）

②か曜《よう》日《び》は、ゆう方《がた》に習《なら》いごとに行く。
（家・下・火）（友・有・夕）

③しゅうちゅうがとちゅうで切れてしまった。
（習・集・終）（虫・注・中）

④道にまよった。こっちのほうに、いってみよう。
（方・法・放）（言・行・意）

⑤わたしは、友だちとこうかんにっきをはじめた。
（校・工・交）（期・記・黄）

⑥ぼくは、百てんを、今まで一かいも取ったことがない。
（天・転・点）（回・会・界）

⑦よう服は、たい切《せつ》にしまってね。
（葉・洋・様）（大・対・体）

⑧スーパーが開《かい》てんしたら、まずや菜《さい》を買おう。
（天・転・店）（野・屋・谷）

⑨こう作《さく》のじかんに、カッターで手をきってしまった。
（校・工・交）（着・切・来）

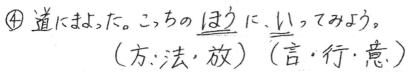

2・3年生漢字・ど〜れだ？クイズ③

（　　）月（　　）日　　名前（　　　　　　　　　　　）

③ 正しい漢字をえらんで、○をしましょう。

① 自てん車に乗《の》って、公えんへ行こう。
（点・転・店）（円・遠・園）

② 魔《ま》ほうの呪文《じゅもん》を、いってみよう。
（方、放、法）（言・行・意）

③ かぞくで、しょく事《じ》に出かけよう。
（下・花・家）→（植・食・色）

④ 校ちょう先生に、電《でん》わしてください。
（長・町・朝）（輪・和・話）

⑤ 今日は、ちょう会で、こう歌《か》を歌います。
（長・町・朝）（工・校・公）

⑥ きょう室《しつ》で、本をはん分《ぶん》だけ読んだ。
（強・京・教）→（反・半・板）

⑦ 中学せいになったら、友だちとかい水浴《よく》に行きたい。
（生・星・正）（会・貝・海）

⑧ 父が、日本しゅでかんぱいして、兄とあくしゅした。
（手・酒・首）（手・酒・首）

⑨ しょう店街《てんがい》が、たい風のひがいにあった。
（勝・少・商）（台・大・対）

⑩ しょう人数《にんずう》でも、しょう利《り》を目ざして、たい決《けつ》する。
（勝・少・商）（勝・少・商）（台・大・対）

同《おな》じ読《よ》み方《かた》の漢字《かんじ》れんしゅう①

（3年漢字《かんじ》まで）

★どれがどれかな？
えらんで入れてみよう。

いん…院・員・飲・引

駅○《いん》、○《いん》料水《りょうすい》
強《ごう》○《いん》、病《びょう》○《いん》

きゅう…休・急・級・球・究・宮

王さまの○《きゅう》殿《でん》、学○《きゅう》、野《や》○《きゅう》
○《きゅう》日《じつ》、研《けん》○《きゅう》、○《きゅう》行《こう》電車

そう…想・相・走・草・早・送

放《ほう》○《そう》、○《そう》原《げん》、○《そう》談《だん》
○《そう》朝《ちょう》、感《かん》○《そう》、徒競《ときょう》○《そう》

しゅ…主・取・守・酒・手・首

うめ○《しゅ》、あく○《しゅ》、○《しゅ》人《じん》
○《しゅ》備《び》、船《せん》○《しゅ》、○《しゅ》材《ざい》

よう…様・陽・葉・洋・羊

○《よう》毛《もう》、○《よう》服《ふく》、太《たい》○《よう》
○《よう》子《す》、紅《こう》○《よう》

しょ…暑・所・書

住《じゅう》○《しょ》、図《と》○《しょ》、○《しょ》室《しつ》
猛《もう》○《しょ》

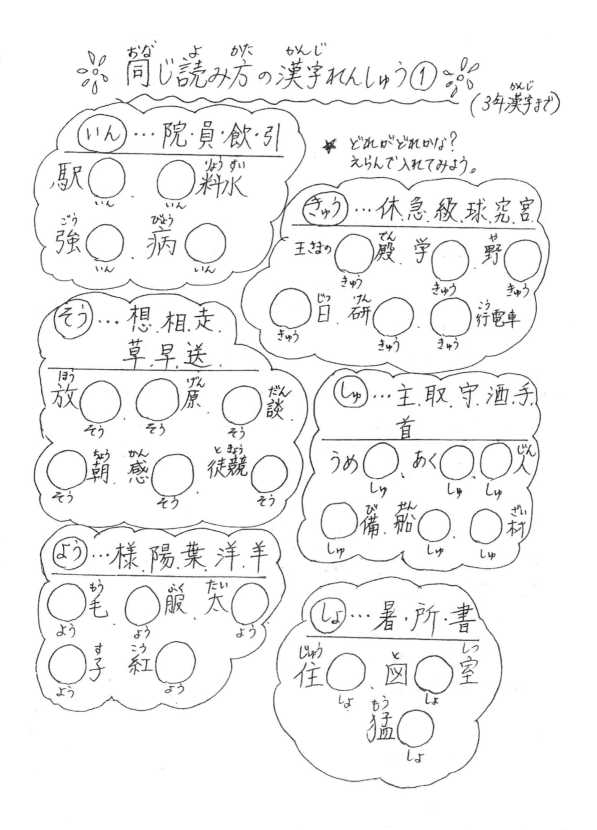

同じ読み方の漢字《かんじ》れんしゅう②

（3年漢字《かんじ》まで）

ちょう…鳥・長・町・朝・調・帳・丁

白《ばく》◯《ちょう》、れんらく◯《ちょう》、二◯《ちょう》目《め》

◯《ちょう》会、◯《ちょう》子《し》、◯《ちょう》◯《ちょう》

だい…台・大・第・代・題

◯《だい》表《ひょう》、◯《だい》人気《にんき》、

◯《だい》名《めい》、◯《だい》一回《かい》、◯《だい》所《どこ》

どう…同・道・動・童

◯《どう》時《じ》、◯《どう》話《わ》、

◯《どう》路《ろ》、運《うん》◯《どう》

とう…東・答・当・頭・島・豆・湯・等

◯《とう》京《きょう》、◯《とう》乳《にゅう》、熱《ねっ》◯《とう》

先《せん》◯《とう》、無人《むじん》◯《とう》、本《ほん》◯《とう》、

解《かい》◯《とう》、二《に》◯《とう》辺三角形《へんさんかっけい》

せい…生・正・晴・青・星・声・整・西

◯《せい》活科《かつか》、火《か》◯《せい》人《じん》、◯《せい》理《り》せいとん、大《たい》◯《せい》洋《よう》

発《はっ》◯《せい》れんしゅう、◯《せい》天《てん》、◯《せい》門《もん》、◯《せい》年《ねん》◯《せい》春《しゅん》

↑　↑
おなじ字

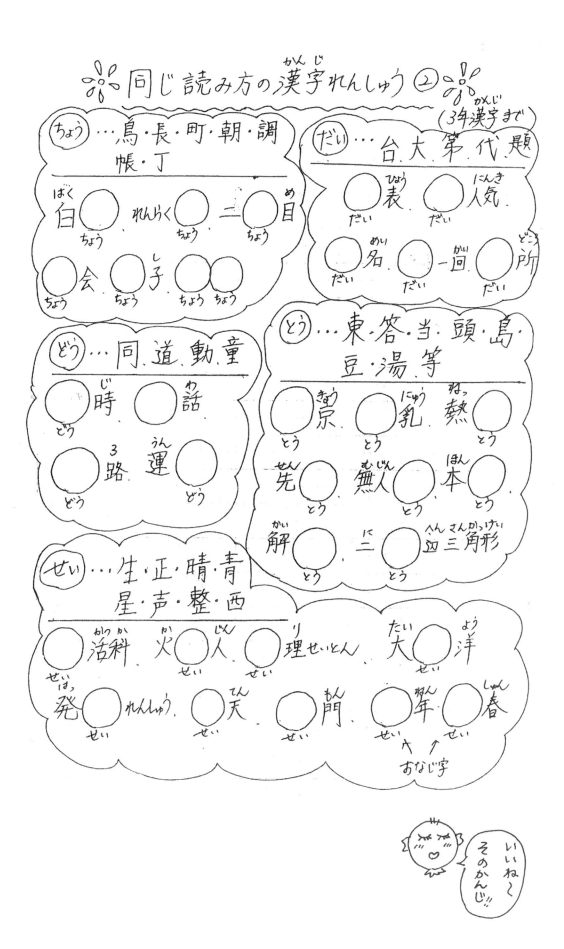

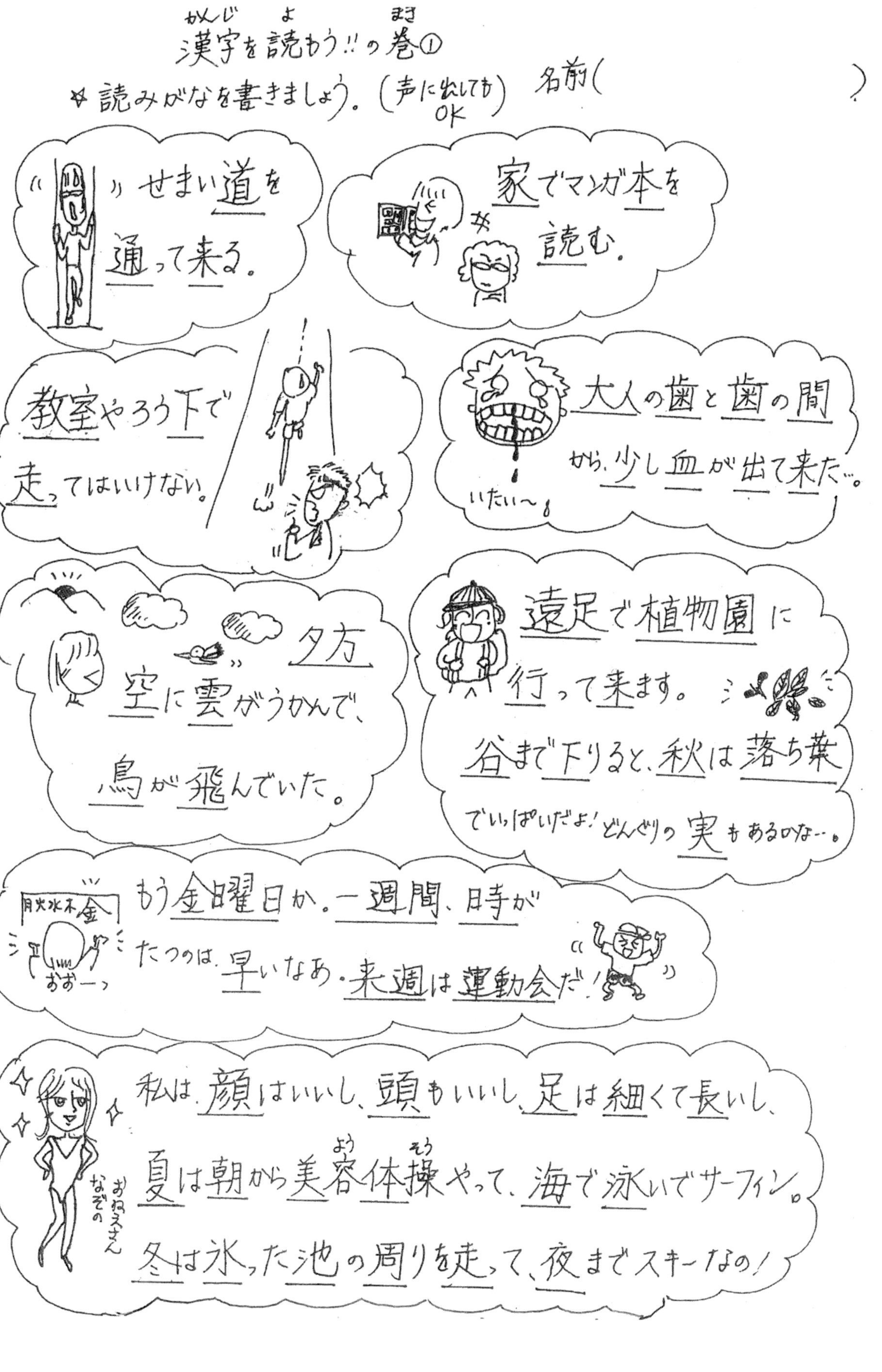

漢字《かんじ》を読《よ》もう!!の巻《まき》①

☆読みがなを書きましょう。(声に出してもOK)　名前(　　　　　　)

せまい道を通って来る。

家でマンガ本を読む。

教室やろう下で走ってはいけない。

大人の歯と歯の間から、少し血が出て来た…。

いたい〜。

夕方空に雲がうかんで、鳥が飛んでいた。

遠足で植物園に行って来ます。谷まで下りると、秋は落ち葉でいっぱいだよ!どんぐりの実もあるかな…。

月火水木金

おおーっ

もう金曜日か。一週間、時がたつのは早いなあ。来週は運動会だ!

私は顔はいいし、頭もいいし、足は細くて長いし、夏は朝から美容《よう》体操《そう》やって、海で泳いでサーフィン。冬は氷った池の周りを走って、夜までスキーなの!

なぞのおねえさん

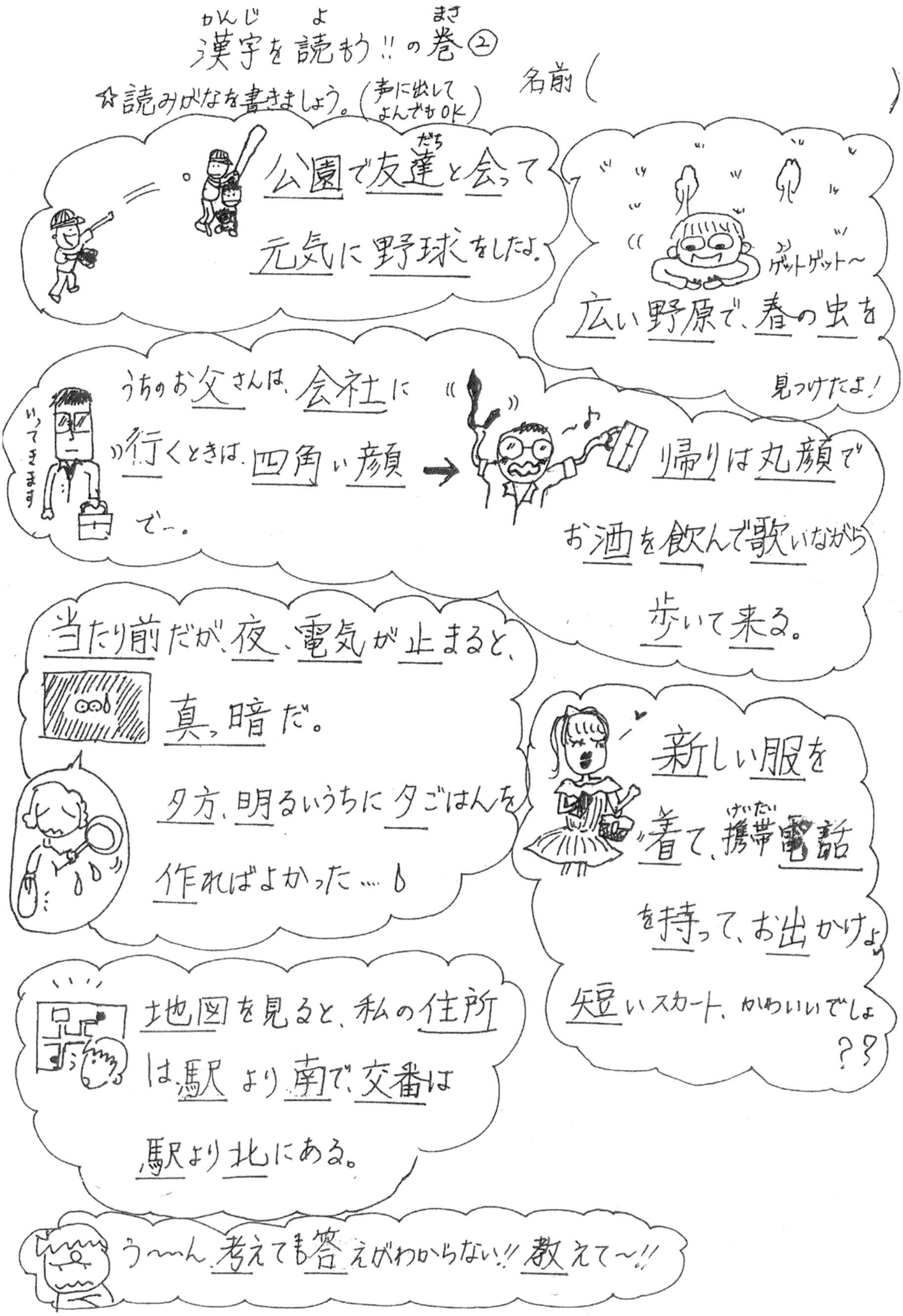
漢字《かんじ》を読《よ》もう!!の巻《まき》②
名前（　　　　　　　　　　）
☆読みがなを書きましょう。（声に出してよんでもOK）
公園で友達《だち》と会って元気に野球をしたよ。
広い野原で、春の虫を見つけたよ！
ゲットゲット〜
うちのお父さんは、会社に行くときは、四角い顔で…。
いってきます
帰りは丸顔でお酒を飲んで歌いながら歩いて来る。
当たり前だが、夜、電気が止まると、真っ暗だ。
夕方、明るいうちに夕ごはんを作ればよかった…。
新しい服を着て、携帯《けいたい》電話を持って、お出かけよ。
短いスカート、かわいいでしょ？？
地図を見ると、私の住所は駅より南で、交番は駅より北にある。
う〜ん、考えても答えがわからない!! 教えて〜!!

漢字《かんじ》を読《よ》もう!!の巻《まき》③

☆読《よ》みがなを書《か》きましょう。(口に出してよんでもOK.) 名前（　　　　　　　　）

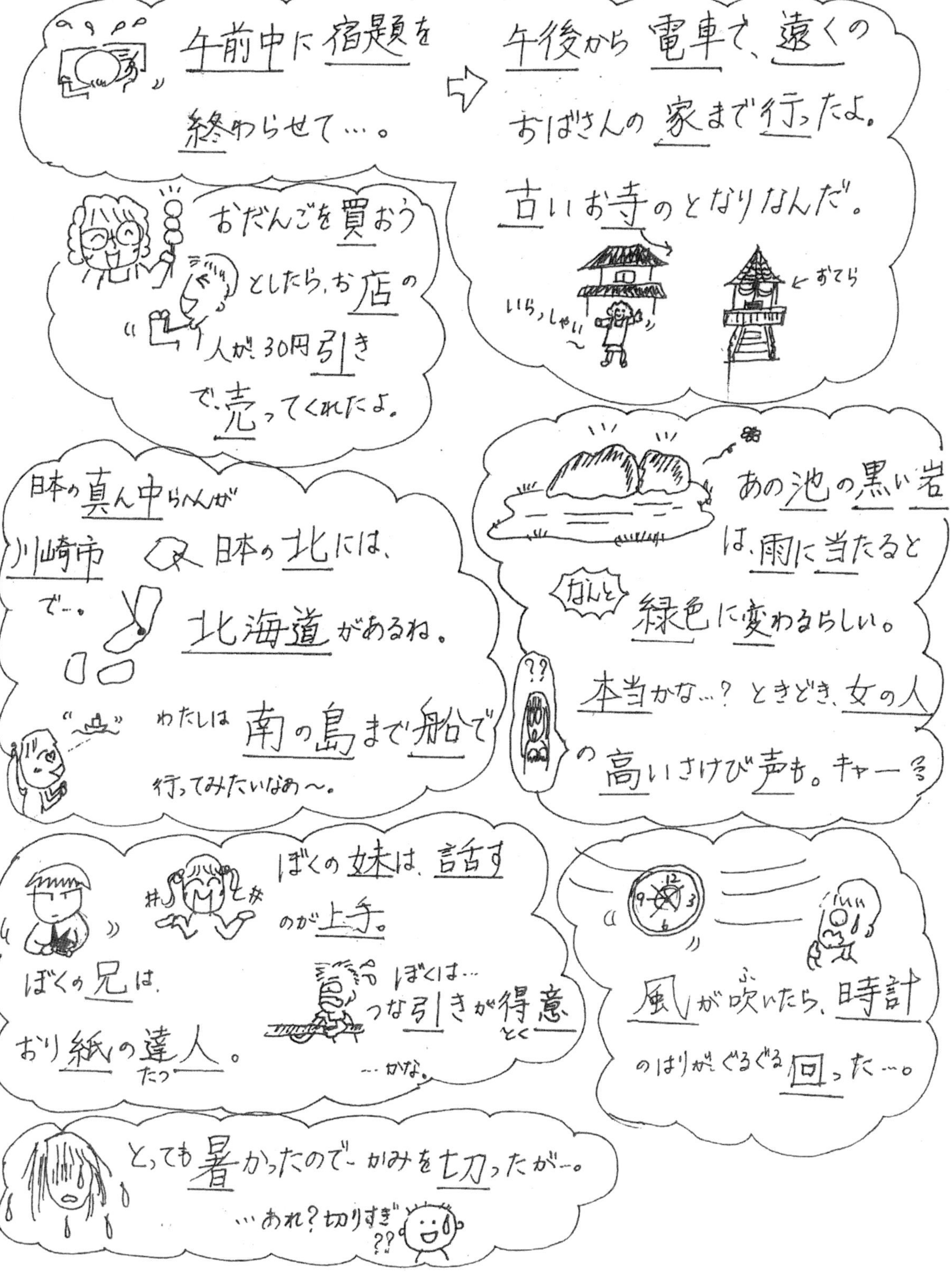
午前中に宿題を終わらせて…。
午後から電車で、遠くのおばさんの家まで行ったよ。
古いお寺のとなりなんだ。
いらっしゃい〜
←すてら
おだんごを買おうとしたら、お店の人が30円引きで、売ってくれたよ。
日本の真ん中らへんが川崎市で…。
日本の北には、北海道があるね。
わたしは南の島まで船で行ってみたいなあ〜。
あの池の黒い岩は、雨に当たるとなんと緑色に変わるらしい。
本当かな…? ときどき、女の人の高いさけび声も。キャー
ぼくの妹は、話すのが上手。
ぼくの兄は、おり紙の達人《たつ》。
ぼくは…つな引きが得意《とく》…かな。
風が吹《ふ》いたら、時計のはりがぐるぐる回った…。
とっても暑かったので、かみを切ったが…。
…あれ?切りすぎ??

学校かんけい文♪かん字を読みながら音読してみよう！

1．教室で、先生が勉強を教える。

2．給食を食べる。

3．ろう下を歩く。

4．校庭で、走る。

5．図書室で、本を読む。

6．三階の図工室に行く。

7．体育館で氷おにをして遊ぶ。

8．音楽室で校歌を歌う。

9．休み時間に葉っぱを拾う。

10．屋上で夜、星を見る。

11．保健室で、きずの手当てをする。

学校かんけいことば（ぎょうじ）

運動会　遠足　見学　市内めぐり
文化祭　入学式　卒業式　朝会　集会
ひなん訓練　お話　草取り　夏休み　春
休み　冬休み　お正月　前期　後期

なかよしかん字♥よんでみよう。

１．店で売っているものを買う。

２．家まで歩いて帰る。

３．本を読む。　　４．話を聞く。

５．服を着る。　　６．時計を見る。

７．電話で話す。　８．会社へ行く。

９．作文を書く。　１０．紙を切る。

１１．友だちの手紙が来る。

１２．教室を出て、入る。

１３．お寺の門を通る。

１４．電気を引く。

１５．答えは何かを考える。

１６．この住所を地図でさがす。

なかよしかん字2(3年以上)♥よんでみよう。

1．真っすぐ前を向いて写真をとる。

2．薬を薬局で買う。

3．作品を作る。　4．味見は意味ある。

5．相談相手は？　6．太陽は太い。

7．水泳で泳ぐ。　8．言葉を言う。

9．この住所に住む。　10．体重が多くて重い。

11．この方向に向く。　12．安くて安心！

13．なぜ調子が悪いか調べよう。

14．代表として表の台に乗った。

15．流行の流れに左右される。

16．投手が投げる。　17．日本語の物語

18．体を動かして運動しよう。

19．水平線が平らに見える。

20．悪役になると気分が悪くなる。

21．急用ができたので急ぎます。

22．教育で子どもを育てましょう。

23．配りわすれないか心配です。

24．高速道路の車は速い。

★この読み方は！？パート1

季節《きせつ》

春　夏　秋　冬

数《かず》

千　百　万

天気《てんき》

晴れ　雨

雲　雪

方角《ほうがく》

左　右　上　下

東　西　南　北

道具《どうぐ》

刀　弓　矢

曜日《ようび》

月　水　土　金

日　火　木

時間《じかん》

月　日　時

分　年　週

昼　夕方

朝　午前

午後

自然《しぜん》

海　山　川　池

湖　木　林　森

草　花　空　虫

野　原　光　風

土　岩　石　星

谷　竹

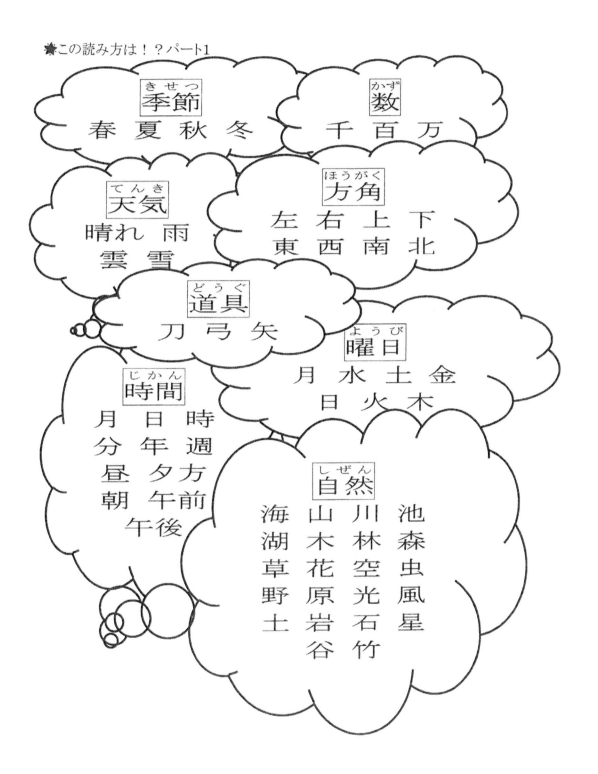

この読み方は！？パート2

のりもの

車　電車　船　自転車

家族《かぞく》

父　母　兄
姉　妹　弟
子　親

いきもの

牛　馬　人　友
貝　魚　鳥　犬

色《いろ》

赤　青　白　黒
銀　金　黄　緑

食《た》べもの

肉　米　茶
麦

体《からだ》

手　足　首　頭
顔　口　目　耳
鼻　指　毛

町でよく見かけるかん字👀パート①

・読めた数0～5…レベル1（1こでも読めたらすごい！）
・読めた数6～10…レベル2（大したものだ！）
・まちがえた数10こ以下…レベル3（まちでもこわくない！）
・まちがえた数5こ以下…レベル4（名人レベル）
・まちがえた数0～2こ…レベル5（達人レベル）

安売り　特売　工事中　禁止
危険　通行止め　歩道　公園
お祭り　神社　信号　ふみ切り
野菜　冷凍食品　お会計
売り出し　かき氷　売り切れ
荷物　駅前　大通り　近道
部屋　焼肉食べ放題　お子様
無料　地下鉄　○番線
○方面

町でよく見かけるかん字パート②

・読めた数0〜5…レベル1（1こでも読めたらすごい！）
・読めた数6〜10…レベル2（大したものだ！）
・まちがえた数10こ以下…レベル3（まちでもこまらないぞ！）
・まちがえた数5こ以下…レベル4（名人レベル）
・まちがえた数0〜2こ…レベル5（達人レベル）

立ち入り禁止　　駐車禁止
注意　ご協力お願いします
入口　出口　住宅　住所
電話　工事中　仕事　約束
公園　駅　店　電車　行き先
急行　改札　お買い得　肉
米　魚　野菜　お菓子　果物
飲み物　飲料水　両替　雑貨
日用品　薬局　銀行　病院
店長

町でよく見かけるかん字パート③

・読めた数0〜5…レベル1(1こでも読めたらすごい!)
・読めた数6〜10…レベル2(大したものだ!)
・まちがえた数10こ以下…レベル3(まちでもこわくないぞ!)
・まちがえた数5こ以下…レベル4(名人レベル)
・まちがえた数0〜2こ…レベル5(達人レベル)

受付　道路　歩道　商店街
ご質問　感想　ご案内　神社
図書館　市民館　会議　祭り
営業時間　前売り券　映画
公開　参加　限定　見本
鍋　応募　募集　新聞　牛乳
卵　納豆　お客様　販売
完売　塩　砂糖　集合　相談
醤油　お問い合わせ

町でよく見かけるかん字👀パート④

・読めた数0～5…レベル1
・読めた数6～10…レベル2
・まちがえた数10こ以下…レベル3
・まちがえた数5こ以下…レベル4
・まちがえた数0～2こ…レベル5（チャンピオン♪）

実施　中止　冷凍食品　毛布
有料　無料　半額　新発売
刺身　布団　決行　値下げ
写真　切手　ごみ置き場
お皿　歯みがき　洗面台
お風呂　流し　玄関　消費税
期限　ｽﾎﾟｰﾂ飲料　時計　電卓
電池　地震速報　右側通行
緊急事態宣言　階段　臨時

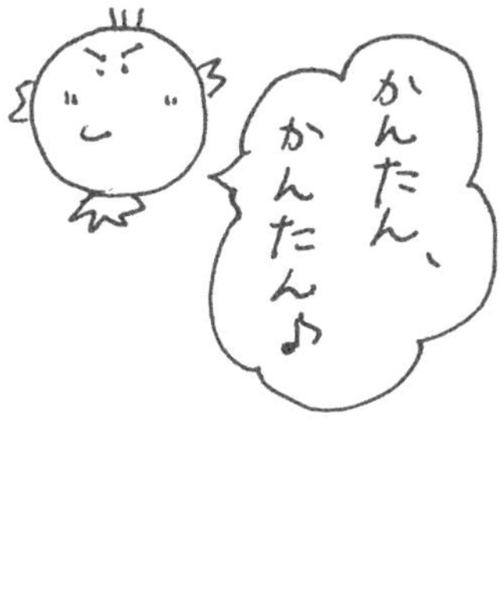

新聞によく出てくるかん字66パート①

・読めた数0～5…レベル1（1こでも読めたらすごい！）
・読めた数6～10…レベル2（大したものだ！）
・まちがえた数10こ以下…レベル3（まちでもこわくない！）
・まちがえた数5こ以下…レベル4（名人レベル）
・まちがえた数0～2こ…レベル5（達人レベル）

①除く②影響③生産④背景
⑤対策⑥自給自足⑦促す
⑧問われる⑨消費税⑩傾向
⑪経営⑫規制⑬転換⑭圧倒
⑮挑戦⑯正面⑰結局⑱保つ
⑲解く⑳習慣㉑頂く㉒好評
㉓公表㉔届く㉕十年余り
㉖戸惑う㉗苦戦㉘心温かい
㉙広報㉚経る

新聞によく出てくるかん字👀パート②

・読めた数0〜5…レベル1(1こでも読めたらすごい！)
・読めた数6〜10…レベル2(大したものだ！)
・まちがえた数10こ以下…レベル3(まちでもこわくない！)
・まちがえた数5こ以下…レベル4(名人レベル)
・まちがえた数0〜2こ…レベル5(達人レベル)

①懐かしい②情報③最新
④抜群⑤評判⑥指摘⑦認知症
⑧登場⑨閉鎖⑩経験⑪知識
⑫不振⑬脱出⑭手応え⑮投入
⑯仕上げ⑰芽生える⑱危機感
⑲見極める⑳価値観㉑明確
㉒手探り㉓役割㉔現状㉕起用
㉖検証㉗充実㉘不測の事態
㉙弁護士㉚対処㉛関わり
㉜姿勢㉝試み

新聞によく出てくるかん字66パート③

・読めた数0～5…レベル1（1こでも読めたらすごい！）
・読めた数6～10…レベル2（大したものだ！）
・まちがえた数10こ以下…レベル3（まちでもこわくない！）
・まちがえた数5こ以下…レベル4（名人レベル）
・まちがえた数0～2こ…レベル5（達人レベル）

①海の幸②探訪③高額所得
④集結⑤悪徳商法⑥先制
⑦浮上⑧白バイ隊員⑨開幕
⑩判明⑪感染⑫紙芝居
⑬配信⑭精進⑮再来⑯参列
⑰発案⑱差出人⑲心機一転
⑳落語㉑目鼻立ち㉒加入
㉓有意義㉔有頂天㉕健在
㉖屋根裏部屋㉗通算㉘首脳陣
㉙受賞㉚現役㉛登録㉜関節
㉝質疑応答㉞空き地㉟根元

新聞によく出てくるかん字パート④

・読めた数0～5…レベル1（1こでも読めたらすごい！）
・読めた数6～10…レベル2（大したものだ！）
・まちがえた数10こ以下…レベル3（まちでもこわくない！）
・まちがえた数5こ以下…レベル4（名人レベル）
・まちがえた数0～2こ…レベル5（達人レベル）

①帰省②領収書③絶好調
④黄金⑤収録⑥納得⑦完封
⑧速攻⑨配当金⑩業務用
⑪失速⑫完売⑬案件⑭解説
⑮解除⑯雑貨⑰発令⑱反応
⑲正念場⑳容認㉑専門㉒復活
㉓戦略㉔再開㉕疑惑㉖絶景
㉗八割減㉘存在意義㉙時短
㉚急降下㉛救世主㉜悪質
㉝早朝特訓㉞上半身㉟心待ち

新聞によく出てくるかん字66パート⑤

・読めた数0〜5…レベル1(1こでも読めたらすごい！)
・読めた数6〜10…レベル2(大したものだ！)
・まちがえた数10こ以下…レベル3(まちでもこわくない！)
・まちがえた数5こ以下…レベル4(名人レベル)
・まちがえた数0〜2こ…レベル5(達人レベル)

①五目そば②中華料理③続編
④幼少期⑤出来事⑥以降
⑦自宅待機⑧君次第⑨素直
⑩貴重品⑪筋金入り⑫集大成
⑬設立⑭分配⑮体幹トレーニング
⑯警備⑰断念⑱休業手当
⑲独自⑳経路㉑高水準㉒守備
㉓給付金㉔素早い㉕世間話
㉖世話㉗中断㉘物資㉙腹筋
㉚収束㉛発足㉜見解㉝無言

☆こくご☆

～読《よ》み取《と》りの巻《まき》～

このお話《はなし》の登場人物《とうじょうじんぶつ》

怪盗《かいとう》ポンチ先生

先生だけど、じつは大どろぼう、というかわった先生。
フルーツポンチとむずかしいクイズが大すき！
むずかしいもんだいで、たまにみんなをこまらせる。

助手のパラッパ

ポンチ先生のおてつだいをしている男の子。
まじめにがんばっているけど、なかなかうまくいかないことがおおい。うっかりもの。

犬のぷーすけ

ポンチ先生・パラッパのペットの犬。いつもくっついてはしゃいでいる。
たまに、ヒントをくれたり、じゃましたりする。

No. 1

ポンチ先生の日記①

今日は、イトーゴーカード(スーパー)に買いものに行きました。しかし！！とちゅうでおさいふをわすれたことに気づいて、とりにもどりました。おかげで、よていよりも３０分おくれて、ゲームコーナーに行く時間がなくなってしまいました。ざんねん…。シューマイとコロッケと牛にゅうを買ったあと、旅行のパンフレットをもらって、お店を出ました。出たところで、思い切り転んで、ひざをすりむいてしまいました…。いたーい(ノД`)シクシク…。

<もんだい>

1．先生は、買いもので何を買ったでしょう。

2．なぜ、買いものが３０分おくれたのでしょう。

3．お店を出たところで、たいへんなことがおこりました。何がおこったのでしょう。

Ｎｏ．２

ポンチ先生の日記②

今日、助手のパラッパと、どうぶつ園へ行きました。ゾウ、トラ、キリン、ラクダ、ライオンのじゅんで見て、ゴリラの所に来ました。すると、ゴリラが「ウホウホ！」　とさけびながら、なんと、オリをこわして外に出てきたのです。みんな、大さわぎ！

わたしが、とっさに、もっていたバナナをゴリラにあげました。すると、ゴリラは　「キュイーン♥」と言って、えがおになり、わたしにチューをしました。パラッパが大わらい…。

＜もんだい＞

１．先生は、どうぶつ園で何をさいしょに見たでしょう。

２．ゴリラは、何とさけんで外に出てきたでしょう。

３．ゴリラがえがおになったのは、なぜでしょう。

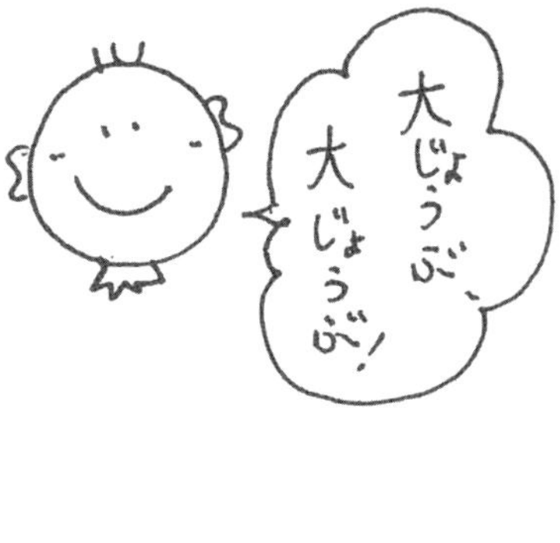

No. 3

ポンチ先生の日記③

　今日、夕はんに、パラッパとチャーハンをつくりました。

まず、たまごとやさいをいためようとしたら、たまごがなかったので、パラッパにコンビニに行ってたまごを買ってきてもらいました。やさいを切るのをパラッパにやらせたのですが、玉ねぎが目にしみたらしく、「いたいー！！」ととちゅうでやめてしまったのです。しかたなく、あとはぜんぶやりました。まったく、こまった助手です。わたしは、からいのがすきなので、こしょうを入れすぎてしまいました。おいしくできたのですが、すこしからくなり、犬のぶーすけが「バホーンバホン」と、むせていました。

＜もんだい＞

1．チャーハンをつくるとき、何がたりなかったのですか。

2．パラッパは、なぜとちゅうでお手つだいをやめたのでしょう。

3．できあがったチャーハンのあじは、どうだったのでしょう。

No. 4

ポンチ先生の日記④

今日は、なんと、ねぼうしてしまいました。目ざまし時計が鳴らなかったのです。おきたら８時！たいへん！あわてて顔をあらって、家をとび出しました。しかし、こんなときにかぎって、ふみきりがあかなくて、10 分も待《ま》たされました。なんて、ついていないんだろう…。最後《さいご》に、学校の校門のところでズルッとすべって転《ころ》んでしまい、ズボンがやぶけてしまいました。うーん、さいあくの朝だった…。

＜もんだい＞

１．先生は、なぜねぼうしたのでしょう。

２．「さいあくの朝だ」と先生が思ったのは、なぜでしょう。

３．先生がおきたのは、何時ですか。

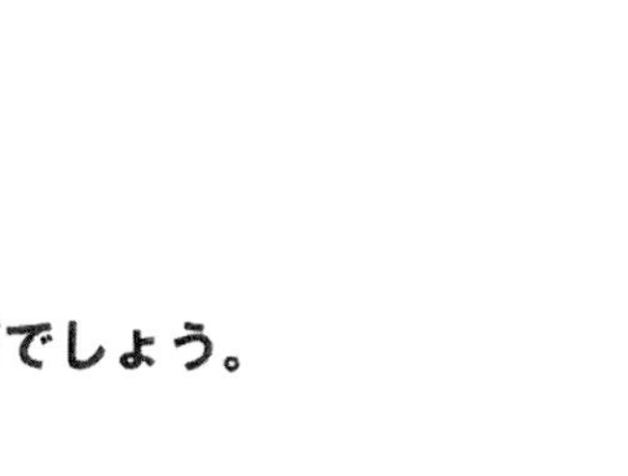

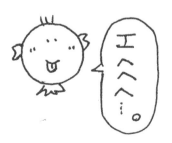

No. 5

ポンチ先生の日記⑤

今日、パラッパと家にいたらピンポーンと鳴って、出たらキツネが立っていました。「あのー。今、かぜがはやっているから、気をつけるだよ、コンコン。うがいをするだよ、コンコン。」と言ってドアをしめました。わたしたちはびっくりして、ボーっとしていました。

すると、また、ピンポーンと鳴りました。出ると、今度はタヌキが立っていました。「あのー、今、かぜがはやっているから、気をつけるだよ、ポンポコ。おなかをあっためるだよ、ポンポコ。」と言って、ドアをしめました。パラッパは「先生、何なんでしょう～。」とふるえています。でも、言われた通りに二人でうがいをして、あたたかいものを飲むと、なんとなく元気になった気がしました。

＜もんだい＞

1．先生の家にきたのは、だれとだれでしょう。

2．家にきたふたりは、かぜをひかないために何をするといいと言いましたか。

①

②

3．先生とパラッパは言われた通りにすると、どんな気もちになりましたか。

No. 6

ポンチ先生の日記⑥

今日は、パラッパとプールに行きました。まず、クロールでおよいでいたら、何かにぶつかりました。なんと、それはネコでした。何でここにネコがいるの！？と思っているうちに、ネコは犬かきをしておよいで行ってしまいました。びっくりしているわたしの目の前に、何かうかんでいました。黒い物体《ぶったい》。何だろう…と思って顔を近《ちか》づけると、「わー！くさい！」なんと、それはネコのフンだったのです。ギャー！わたしはあわてて、パラッパを引っぱってプールを出ました。もう二どと、あそこのプールには行かないぞ、と思いました。いちおう、パラッパにはないしょにしています。

＜もんだい＞

1．先生は、プールに行ってまず、何をしたでしょう。

2．先生がぶつかったのは何で、それは、どうやっていなくなったのでしょう。

①ぶつかったもの…

②いなくなったほうほう…

3．うかんでいた黒い物体は何だったのでしょう。

4．今日、さいごに思ったことはどんなことだったでしょう。

Ｎｏ．７

ポンチ先生の日記⑦

　今日は、天気よほうで「雨でしょう」と言っていたら、なんと、食べる「あめ」がふってきました！やったー！わたしは、大すきなブドウのあめを、えらんでひろいました。そばにいたおばあさんは、「まごにあげよう。」と言って、オレンジあじと、メロンあじをひろっていました。

　しかし、それがどしゃぶりになってきたのです。道路《どうろ》にあめがつもり始《はじ》めて、そして、車のまどガラスがガッチャーン！われてしまいました。ガガガガーン。ショックでした。いくらうれしいものでも、ありすぎるとこまるものですね…。

＜もんだい＞

１．あめがふってきてよろこんでいたのに、ショックだったのはなぜでしょう。

２．おばあさんは、何のためにあめをひろっていたのでしょう。

３．ふってきたあめは、すくなくとも何のあじがあったでしょう。

　３つこたえましょう。

No. 8

ポンチ先生の日記⑧

今日、パラッパと犬のぷーすけで散歩《さんぽ》をしていたら、パンダに会いました。こまった顔をして、「ササをさがしているんだよ。子どもがおなかすいたって言っていて。」と、ガサガサさがしていました。

つぎに、公園でキックボードをしているシマウマに会いました。「うひょー。さいこう！」とかなりスピードを出していて、あぶないと思いました。そのあと、スーパーのシカクエツに行くと、牛のお母さんがぶた肉を買っていました。「牛肉は食べられないからね！」と言っていました。そりゃ、そうだろう。でも、三人でそのあと牛肉を買ってしまいました。

＜もんだい＞

１．三人が散歩していて、さいしょに会ったのはだれでしょう。

２．シマウマは何をしていて、それを見て先生はどう思ったでしょう。

①シマウマがしていたこと…

②先生が思ったこと…

３．パンダは、なぜこまった顔をしていたのでしょう。

４．牛のお母さんが牛肉を買えないのはなぜでしょう。

Ｎｏ．９

ポンチ先生の日記⑨

　今日、はじめて空をとびました。「天までとどけ、１・２・３　！」と言ったら、本当にとびあがってしまったのです。わー！フワフワうかびながら、空から町を見るのは、とても楽しかったです。だれがどこにいるのか、すぐにわかります。「あ！あのマンションの屋上で、小学生がなわとびしている…。あ！校長先生が駅に入っていく…。さあ、そろそろおりようか。…って、あれ？どうやっておりればいいんだ？どうしよう…。わたしがあせっていたら、なんと公園の木に引っかかって止まり、そこからおりられたのです。あー、よかった。

＜もんだい＞

１．先生は、どんなことをしたら空をとんだのでしょう。

２．空から、どんな場面《ばめん》を見たのでしょう。２つこたえましょう。

①

②

３．先生は、どうやっておりることができたのでしょう。

No. 10

ポンチ先生の本当か？物語①

ある日、ポンチ先生は宇宙《うちゅう》へ行きました。真っ暗《まっくら》でこわかったけれど、フワフワとんで、気もちがよかったです。宇宙《うちゅう》では、ずっとフワフワしていて落《お》っこちることがないので、思わず昼ねをしてしまいました。

それから、なんと！！火星で火星人に会いました。かみの毛がなくて、足が３本で、へんな言葉を話していました。でも、手をふると、にっこりわらって手をふってくれました。

＜もんだい＞

１．先生は、どこへ行ったのでしょう。

２．先生は、フワフワうきながら何をしたでしょう。

３．火星人はどんなとくちょうをしていたでしょう。

No. 11

ポンチ先生の本当か？物語②

ある日、朝おきると、ポンチ先生は女になっていました。なんと、顔のひげがなくなっています。パラッパが、先生の顔を見てびっくりしすぎて、たおれてしまいました。

「これじゃあ、はずかしくて外に出られないよー」と思ったら、なぜか服も女ようしかなく、きがえると女っぽく見えるようになり、かがみを見てふしぎな気もちになりました。

町では、もちろん女トイレにはじめて入ります。やり方がわからなくて少しこまりましたが、何とかできました。でも、はずかしくて学校には行けませんでした。つぎの日、朝おきると男にもどっていました。何だったんだろう…。

＜もんだい＞

1．先生が女になっていたのは、何日間だったでしょう。

2．先生は、女になって、顔はどうなったでしょう。

3．先生が女トイレでこまったことは、どんなことでしょう。

No. 12

ポンチ先生の本当か？物語③

　ある日、ポンチ先生とパラッパはノミ坂４８に入りました。かわいい洋服《ようふく》を着《き》て、ダンスしたり歌ったりするのです。先生もパラッパも、ダンスや歌は大好きだけど、人前《ひとまえ》ではきんちょうしやすいので、テレビに出たり、コンサートに出たりするのは少し心配《しんぱい》でドキドキしました。

　でも、本番《ほんばん》にスポットライトをあびて、思い切り歌っておどることができて、先生はさいこうの気分！町を歩《ある》いていると、「あ！ノミ坂の子！」と指《ゆび》さされて、少しはずかしいです。

＜もんだい＞

1．　先生とパラッパがノミ坂４８に入って、少し心配してドキドキしていたことは何でしょう。

2．先生が、ノミ坂４８に入ってさいこうのきぶんになれたのは、なぜですか。

3．先生が、ノミ坂４８に入って、少しはずかしいことは何ですか。

No. 13

ポンチ先生の本当か？物語④

ある日、先生はまほうつかいのおばあさんに会いました。「おまえはふだん、いろいろなことをがんばっているから、願《ねが》いを３つ、叶えてやろう。」と言って、おばあさんはまほうのつえをふりました。やったー　！　先生はまず、「いつでもどこでもデザート券《けん》」を手に入れました。その券《けん》で、どこのお店でもレストランでも、デザートをただで食べられるのです。さっそく、先生はチョコレートパフェを10こ食べました。すると、「う、、、、。イテテテ。」なんと、おなかをこわしてしまい、「どうかおなかをなおして～　！　」と２つ目の願《ねが》いを使《つか》ってしまいました。３つ目は世界旅行《せかいりょこう》にしようと思ったけど、また、おなかをこわしたらどうしよう…と今、まよっています。

＜もんだい＞

１．おばあさんのまほうで、先生はまず何を手に入れたでしょう。

２．なぜ、先生は３つのお願《ねが》いをかなえてもらえることになったのでしょう。

３．先生が３つ目のお願《ねが》いをまよっているのは、なぜでしょう。

☆こくご☆

〜音《おん》読《どく》の巻《まき》〜

(^.^)おもしろカンタン音読①「ありえない話」

（一）きょう、ぼくはジャンプして、空《そら》をとんでしまった。

（二）先生が、どうぶつ園《えん》で、ブタのしょうがやきを食《た》べた。

（三）ピカチュウが、家《いえ》にとつぜんあそびに来《き》た。

（四）ぼくは、歩《ある》いてアメリカのニューヨークへ行った。

（五）おばあちゃんが、海《うみ》でイルカにのってねむっていた。

(^.^)おもしろカンタン音読②「ありえない話」

（一）きょう、ぼくはスーパーでアンパンマンに会った。

（二）ぼくは、夜《よる》、学校のステージでダンスをおどった。

（三）女の先生が男に変身《へんしん》して、ヒゲが生《は》えてきた。

（四）太ったおじさんが、三輪車《さんりんしゃ》をこいで雲《くも》に乗《の》った。

（五）おじいちゃんが、走《はし》ってトラックを追《お》い抜《ぬ》かした。

(^.^)おもしろカンタン音読③「あたりまえの話」

（一）校長《こうちょう》先生は、もうすぐ十才《さい》の女の子。ではありません。

（二）ミュウツーは白とピンク色で、ピカチュウは黒《くろ》と黄色《きいろ》です。

（三）小学生の中では、六年生が一番年上《いちばんとしうえ》です。

（四）ビスケットはあまいけど、せんべいはしょっぱい。

（五）ぐあいがわるくなったら、保健室《ほけんしつ》に行きましょう。

（　）おもしろカンタン音読④「あたりまえの話」

（一）音楽《おんがく》の時間《じかん》には、けんばんハーモニカをつかう。

（二）トマトスープは赤色で、ポタージュはベージュ色です。

（三）カレーライスは、子どもに大人気《だいにんき》のメニューです。

（四）糸《いと》は、なわとびのなわより細《ほそ》いけど、かみの毛より太い。

（五）台風《たいふう》が来《く》ると、雨も風《かぜ》も強《つよ》くなり、外《そと》はきけんになる。

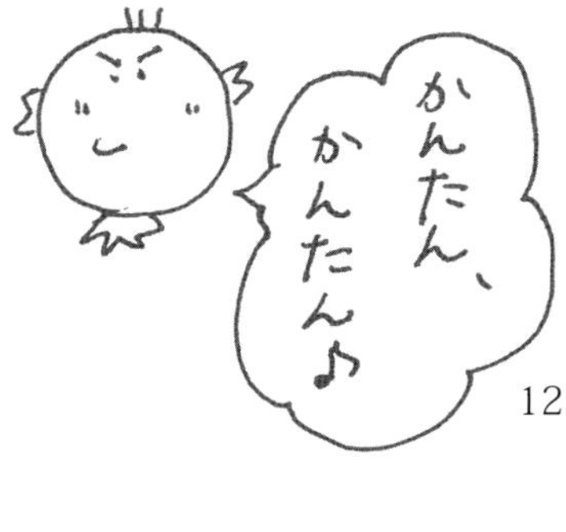

（　）おもしろカンタン音読⑤「いけません！」の話

（一）家《いえ》の人、家族《かぞく》にうそをついては、いけません。

（二）どんなときも、人をなぐったり傷《きず》つけたりしてはいけません。

（三）コンビニで、お金《かね》をはらわずにものをとってはいけません。

（四）スズメバチは狂暴《きょうぼう》なので、攻撃《こうげき》してはいけません。

（五）友達《ともだち》の家《いえ》に勝手《かって》に入って遊《あそ》んではいけません。

（・）おもしろカンタン音読⑥「こまります！」の話

（一）ドッジボールで、めがねをねらうのはこまります！

（二）体育《たいいく》の授業《じゅぎょう》がつぶれて、国語《こくご》になったらこまります！

（三）地震《じしん》が来《き》て、家《いえ》がこわれてしまったら、こまります！

（四）とつぜん、すべての電話《でんわ》が通《つう》じなくなったら、こまります！

（五）自分が急《きゅう》に、毛が生《は》えてきてゴリラになったらこまります！

（・）おもしろ文を音読してたのしもう♪①

（一）図書室に行ったら秋から冬になっていた。
（二）きゅう食を食べると頭がすっきりするよ！
（三）校ていで顔からころんで、牛がわらった…。
（四）音楽を楽しんでいるそばで、馬が歌っていた。
（五）犬のおまわりさんはとう校する時間が早い。
（六）電話で話を聞くと、本当になるらしい。
（七）長い耳のロバが道路を走っていた。
（八）母の首は細くて長くてキリンのようだ。
（九）兄は竹かごを買ってきて虫を入れていた。
（十）黒い雲の中から白い魚がとび出した。

（・）おもしろ文を音読してたのしもう♪②

（一）弟は男子だけれど、赤いふくを気に入っている。

（二）妹は、黄色い船のおもちゃに本当にのった。

（三）今日は、ま女やおおかみ男など知らない人に会う。

（四）手と足で四本のはずなのに、半分足りない！

（五）友だちは、先生と話すと耳が赤くなる。

（六）明日、青い目の女子がてん入してくるらしい。

（七）夜が明けたら、空が赤から青にかわった。

（八）鳥におれいを言って、気分が晴れたよ！

（九）野原でひろった花を売ったら、帰ってからおこられた。

（十）画用紙を半分にして谷おりすると、すべり台だ！

(^.^)おもしろ文を音読してたのしもう♪③

(一)ゴリラくんは、頭、体、顔のじゅんばんにあらう。

(二)羽は鳥と同じで、半分から下は馬、という生きものがいた。

(三)明日は遠足に行くから雨雲がなくなってほしい。

(四)教室より、多目的ホールの方が広くて走り回れる。

(五)午後からお店に行ったら、長引いて夕方になっちゃうね。

(六)買いものをしていたら、歌声が聞こえてびっくりした。

(七)歩道をふつうに歩いていて、谷に落ちた！何で？

(八)校門のそばに、生活科で作った白さいとほうれん草がある。

(九)弱い人ほど、強がって大声を出す。妹がそうかもしれない。

(十)作文と図工の工作がにが手で、よく手を切るのだ…。

(^・^)おもしろ文を音読してたのしもう♪④（3年以上）

（一）売れないパン屋は、客を待っても来ない(´；ω；`)ウゥゥ

（二）病気の時は、ブタくんの薬が役に立つ。

（三）ハトを出す手品を練習中。本番、本当に大じょうぶ？

（四）テレビ局で放送中にゴリラがらん入した。

（五）母が部屋をノックしたら、急いで勉強を始めよう。

（六）交差点でライオンがほえているので立ち止まった。

（七）「美しい太陽と地球を守ろう」が流行語になった。

（八）病院の前の川からドンブラコと医者が流れてきた。

（九）「負けるな！転んでも起きろ！」と言われてこまるときがある。

（十）昔の写真を家族で見ると、「かわいかった」と感想を言われる。

(^.^)おもしろ文を音読してたのしもう♪⑤（3年以上）

（一）チンパンジーは、ミルクを温めて飲むのが好きらしい。

（二）オランウータンは、いつも明るくて元気で、鼻息があらい。

（三）サッカーで勝ち進んで、区の代表になった！イエーイ。

（四）一週間の予定を知らない。心配になって姉にメールした。

（五）野球場で、消えるま球を投げる投手を見た。

（六）交差点でライオンがほえているので立ち止まった。

（七）みなさん、ご注意ください。動物園からトラがだっ走しました。

（八）遊園地のピエロが道路の中心でおどり始めて、終わらない…。

（九）体調が悪い？相談事？では住所と名前と電話番号を書いて。

（十）運動会にお酒とかき氷をもってきて大問題になってしまった！しょうこ写真も、とったよ。

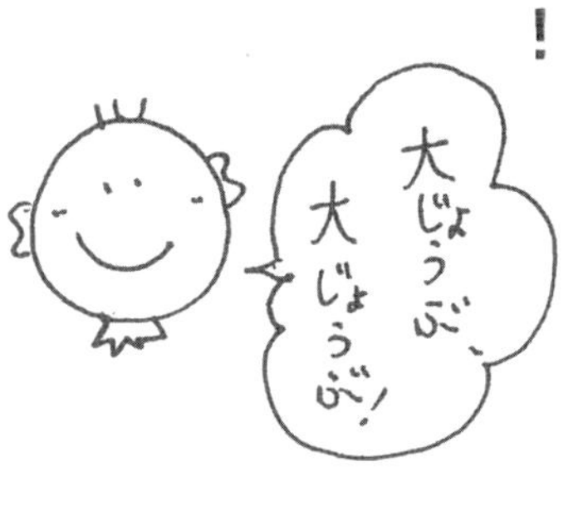

(^.^)おもしろ文を音読してたのしもう♪⑥（3年以上）

（一）あなたとは、運命の赤い糸でむすばれていたの。幸せだわ。

（二）む人島の海岸で、貝を拾っていたら波にさらわれた！

（三）水泳のじゅ業で水着もパンツもわすれた。さい悪だ…。

（四）文化祭で、親友とギャグまん才をやったが、受けなかった。

（五）発表します。「麦茶とごはんは作り立てが一番おいしい！」

（六）日記帳に、内しょで駅前の本屋で筆記用具を買った話を書いた。

（七）次の日、お母さんに「お金を勝手に使ったね！」とおこられた。

（八）宿題するのは気が重いが、ゲームで遊ぶと心が軽くなる。

（九）この旅で王様の宮でんと、金でできた橋と、黄金の湖と、
高級な船のある港を見た。王様は、いいなあ。

（十）坂の上の銀行に行列ができていて大へん！平らな道がいいなあ。

(^.^)おもしろ文を音読してたのしもう♪⑦（3年以上）
（ものがたり編）

学校の通学路がわからなくて、通りがかりのおばさんに道を聞いた。おばさんは、
「そこの角を右に曲がって真っすぐよ❤」
と、教えてくれた。そのおばさんが、なんと、頭はアフロヘア、首は馬みたいに長くて、足は短い。背中にはランドセル。前には丸い赤ちゃんをだっこしている。
「うわー！お化けー！」ぼくは思わずさけんだ…。

(^.^)おもしろ文を音読してたのしもう♪⑧（3年以上）
（ものがたり編）

電話が鳴ったので、出ると男の声で、
「今すぐ金を用意しろ。三千万円。自転車に乗って公園まで持って来い！」と聞こえた。電話はすぐに切れた。
ど、どうしよう。ぼくは夕ごはんを作っている姉と母に知らせた。でも、二人とも平気な顔をしている。なんで？
そこに父が帰って来て、一言。
「今の電話、オレ。びっくりした～？」えー！何だよ！

(^.^)おもしろ文を音読してたのしもう♪⑨（3年以上）

（ものがたり編）

夕方には明るかった空も、夜になって暗くなった。
ぼくは地図を広げた。あと半分でゴールだ。
東に行けば、こわいオニのいる岩だらけの島。
西に行けば、野球場もある新しい公園。
南に行けば、気味の悪い魚が泳いでいる池。
北に行けば弓矢が次々飛んで来る国。ぼくのぶきは
刀とほう丁と鉄の部品と銀の皿と笛と石油とばく薬。
…どうしよう。

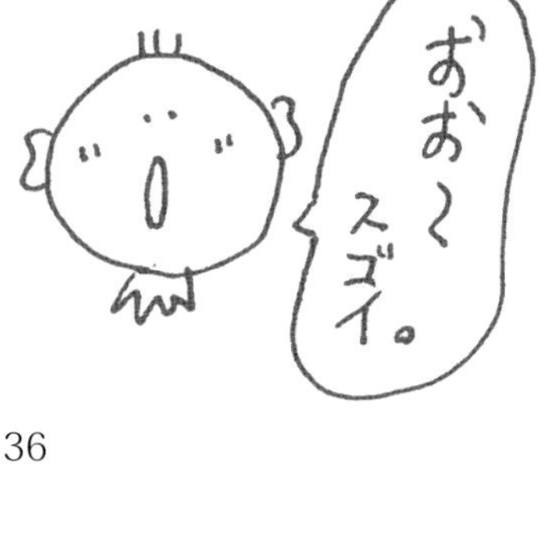

(^.^)おもしろ文を音読してたのしもう♪⑩（3年以上）（ものがたり編）

野原を歩いていると、「この先、通行止め」と板に書いてあった。でも、ぼくは草の中を入っていった。すると、急に「わ！」何かが横切った。牛か？馬か？鳥か？チーターか？何か黒っぽい動物のような、ゆうれいのような。立ち止まって考えていると、ササッと走ってくるもの…。「あ！たぬきだ！」昔話で出てきそうな、美しい毛皮のたぬきが「ご主人様～」と言ってきた！

(^.^)おもしろ文を音読してたのしもう♪⑪（4年以上）

（ものがたり編）

日曜日の午前中、親と、近くの洋服屋さんに行った、今度宇宙に行くので、宇宙服を買うのだ。まずは、稼いで火星人と話す予定。

楽しみだなぁ。そうだ！おみやげに日本のお茶とお酒も持って行こう。お寺のおぼうさんも連れて行こうかな。強とう犯がいたら大変だからけい察官も。兵隊も。毒薬もいるかな。

天候が心配だが、航路は大じょうぶのよう。あとは機器がこわれないように。結果はお楽しみ！

後書き

～「わからない」「できない」つらさを汲み取って～

教科書の説明文を音読してこいと言われた。でも、音読は三行読むのに一苦労なのに、４ページも！

本文を読んで答えなさい、というテスト。そもそも、文が多すぎてどこを見ていいのかわからない。

算数の文章題。たった三行の問題でも、数の動きをイメージできない。これは何算？

周りはすいすい答えてる。わからないのは自分だけ。みんなの目。こわい。つらい。

どうしてできないのか。自分でも自分が嫌。でも、練習がんばっているのに漢字、思い浮かばない。

…こんな心の叫び、想像できますか？年相応の問題ができない。教科書見ても意味が分からない。説明を聞いても分からないまま。そうして周りから冷ややかに見られ、ときには怒られ…。こんなつらい思いを、もししたとしたら。学校へ行く気も失せてしまいますよね。しかし、一定数はいるのです。こんな子。努力しても、がんばろうとしても、できないつらさを抱えた子。

今は、「特別支援」「発達障害に特化した対応」の考え方が進み、「ユニバーサルデザイン」「インクルーシブ教育」といったことも現場で浸透してきている、昔と比べれば恵まれた環境にあります。しかし、現場で十分にそういった子達にケアできているのか、というと「十分」とはいっていない現状にある気がしています。私は、まず、保護者の皆さんにも、教員の皆さん一人一人にも、一定数いるこういった学習でつまずく子の気もちを理解し、察して対応策を考えて実行していくことがもっともっと浸透するといいなと願っています。

そのための手立ての一つとして、手作りの教材、短めの課題、そして「お！なんだそれは！？」という意外性から来る興味をそそる課題がいいのでは…と考え、教材を作っています。「それなら簡単！」「これならできそう！」「それならもっとやってみたい！」と思わせる作戦です。

もちろん、これらの教材ならそうなるはずです、とは言い切れません。私が経験をしてきて提案する、一つのたたき台だと思っていただければと思います。子どもと関わる皆々様に、ぜひ、それぞれで「僕にも、私にもできる！」と思わせ作戦を立てて、一人でも多くの子が自己肯定感・自己有能感が上がるよう、助けていただけますように…そんな願いを、この問題集に込めています。

まずは、子どもの皆さんも、大人の皆さんも、興味あるページをやってみて、「これは面白い！」と楽しめるページが１ページでもあれば、私は幸せです。ぜひ、一つ、チャレンジしてみてください。

国語《こくご》・算数《さんすう》　これならできる問《もん》！

～学校心理士お手製・勉強ギライ専用問題集～

2021 年 10 月 18 日　初版第 1 刷発行

著　者　長井祐子
発行所　株式会社 牧歌舎 東京本部
〒 101-0064　東京都千代田区神田猿楽町 2-5-8 サブビル 2F
TEL 03-6423-2271　FAX 03-6423-2272
http://bokkasha.com　代表：竹林哲己
発売元　株式会社 星雲社（共同出版社・流通責任出版社）
〒 112-0005　東京都文京区水道 1-3-30
TEL 03-3868-3275　FAX 03-3868-6588
印刷・製本　株式会社 ダイビ
©Yuko Nagai 2021　Printed in Japan
ISBN978-4-434-29457-0　C6037
落丁・乱丁本は、当社宛にお送りください。お取り替えします。